umzingelt...

Gedichte und Gedanken

Heinz-E. Klockhaus

Heinz-E. Klockhaus
Postfach 100246
D-42499 Hückeswagen
info@klockhaus-textdichter.de
www.klockhaus-textdichter.de

Bibliografische Information der Deutschen Nationalbibliothek: Die Deutsche Nationalbibliothek verzeichnet diese Publikation in der Deutschen Nationalbibliografie; detaillierte bibliografische Daten sind im Internet über www.dnb.de abrufbar.

© 2017 Heinz-E. Klockhaus

ISBN: 978-3-7431-1833-1

Herstellung und Verlag: BoD – Books on Demand, Norderstedt

Liebe Freunde,
liebe Leserinnen und Leser,

auf meinen Gedichtband „Das ist nicht immer lustig" habe ich eine so positive Reaktion mit zum Teil sehr liebenswerten Kommentaren erfahren, dass ich mich entschlossen habe, ein weiteres Buch mit Gedichten und Gedanken zu schreiben und zu veröffentlichen. Wenn es zutrifft, dass Lob motiviert und noch stärker macht, dann darf ich hoffen, dass auch dieses Buch bei Ihnen Gefallen findet.
Insbesondere habe ich mich sehr darüber gefreut, dass auch bei den kritischen Themen, die ich in meinen Gedichten und Kurzgeschichten aufgreife, sehr viele Menschen offensichtlich genauso denken und fühlen wie ich und es befürworten, dass ich in meinen Texten einige Denkanstöße gebe. Dazu gehören nicht zuletzt auch die positiven Kommentare zu meinen kritischen Anmerkungen über die deutsche

Sprache, die einigen Lesern „aus der Seele gesprochen" haben.

Ich werde mich bemühen, diesem Lob und diesem Anspruch auch in diesem Buch gerecht zu werden.

Eins liegt mir sehr am Herzen, und darum möchte ich es an den Anfang meines Buches setzen:

Die gute alte Volksschule hat bewiesen, dass jedes Kind in der Lage ist, unsere deutsche Sprache zu lernen und gepflegt zu sprechen und zu schreiben. Warum kann man das nicht wenigstens bei den Menschen, die diese Sprache in Wort und Schrift verbreiten, auch als Selbstverständlichkeit voraussetzen und erwarten? Es ist beschämend, was uns und unserer Jugend an Mikrofonen und auf unschuldigem Papier teilweise zugemutet wird. Deshalb appelliere ich an die Medien, sich wieder darauf zu besinnen, dass die deutsche Sprache ein erhaltenswertes Kulturgut ist und sie entsprechend zu pflegen und zu verbreiten.

Meine Satire „Virus D – Der Dummschwätzervirus" und die darin von Darius und Dangus aufgestellte Behauptung „Wir kriegen sie alle" ist längst traurige Realität geworden, und Menschen aller Schichten sind von diesem sinnlosen „halt" in ihren Sätzen infiziert. Es ist sehr bedauerlich und schmerzhaft, dass es keine Lobby und keine Kräfte in diesem Lande gibt, die dem Verfall unserer Sprache auch nur ansatzweise etwas entgegensetzen. Nehmen wir das überhaupt noch wahr, dass inzwischen auch Redner, Journalisten, Schriftsteller, Akademiker, Lehrkräfte und unsere Kinder und Enkel kaum noch ein Gespräch ohne „halt" zustande bringen? Stört uns dieser Sprachvirus auch an uns selbst schon gar nicht mehr? Es ist fast bewundernswert und wohltuend, dass es noch Menschen gibt, die nicht so reden. Die beiden Viren haben doch recht, dass das Wort überhaupt keinen Sinn hat und man anstatt „halt" ebenso gut in jedem

Satz „rülps" sagen könnte. Ja, es ist mir ein großes Anliegen, die Menschen gegen diese Unsitte und diesen Unfug zu sensibilisieren und die rasante Verbreitung, wie sie die beiden Kuhdarm-Viren in meiner Satire vorausgesagt haben, zu stoppen. Aber das wird nur noch möglich sein, wenn die Medien Erhalt und Pflege unserer Sprache auch für nötig erachten, das unterstützen und damit aufhören, diese Unsitte und diesen Unfug zu verbreiten.

Ihr Heinz-E. Klockhaus

Die Muse lügt

Mich hat die Muse mal geküsst,
bis mir klargeworden ist
und ich auf den Irrtum stieß,
dass sie gar nicht Muse hieß.

MdB

Im Bundestag muss ich entscheiden:
Kannst du diese Welt noch leiden?
Vernichte ich den eignen Staat
mit Fracking oder Glyphosat?
Solang ich es nicht selber spür,
stimme ich erst mal dafür.
Das dumme Volk hat mich gewählt,
das ist es doch, was für mich zählt.

Entsorgung

Wir haben leider unser Gewissen
gerade in den Müll geschmissen.

Schweinerei

Wo, zum Teufel, bleiben nur
die Moral und die Kultur?
Vieles kommt als Kunst daher
und ist doch nichts, als ordinär.
Warum traut sich in diesen Tagen
keiner mehr, das laut zu sagen?
Ich sage es, ich bin so frei:
Was Sie da tun, ist Schweinerei!

Naturbelassen

Die Genforschung ist missglückt.
Mensch, was bist du doch verrückt!
Die Natur ist wunderbar,
lass doch alles, wie es war,
weil der das Gleichgewicht riskiert,
wer Sein und Sinn manipuliert.

Terror

Warum lebt einer frei und ohne Not,
der uns im eigenen Land bedroht?

Fernsehserien

Wer ein paar Jahre Serien schaut,
hat nicht umsonst darauf gebaut,
dass er dabei auch ganz vergisst,
wie sehr er schon verblödet ist.

Der seinen Beruf nicht sagen kann

Beim Sprachkurs bittet der Dozent,
dass jeder sein Berufsbild nennt,
und einer, der im Rollstuhl saß,
verstand da leider keinen Spaß.
Er übt noch dran, und darum zischt er:
Ich bin der Finanzminischter.

Wir geben alles

Die Fußballdamen sagten eben,
dass sie wieder alles geben,
was ich nicht recht glauben kann;
denn sie haben noch die Trikots an.
Sagt es ihnen ins Gesicht:
Alles, Mädels, war das nicht!

Chancen bei Frauen

„Ich will ein Kind von dir,"
sprach sie am Telefon.
Er sagte: „Wo ist das Problem,
dann nimm doch meinen Sohn."

Dat anne

Dat anne Theke stehn
gewöhnt mich keiner ab,
wo ich son frischet Pils
mit Schaum drauf vor mir hab.
Dat anne Theke stehn
und frisch gezapftet Bier,
dat is Kultur bei uns im Ruhrrevier.

Die alten Schalker

Libuda und der Berni Klodt
sind alle schon ein Weilchen tot
und bringen jetzt ganz nebenbei
den Engeln Fußballspielen bei.

Schmähgedicht

Ich könnte auch mal ein
Schmähgedicht schreiben,
so ein ganz primitives
Schweinegedicht,
und lasse es dann doch wieder
bleiben;
denn so schmutzige Dinge gefallen
mir nicht.
Und das wäre ja sowieso
nichts für Leser mit Niveau.

Die Regierung

Meinen Angestellten in Berlin,
die da für mich die Strippen ziehn,
muss man ab und zu mal sagen:
„Tut das, was ich euch aufgetragen.
Dazu, wie ihr da in Berlin regiert,
hab ich euch nicht autorisiert.
Was ihr seid, seid ihr durch mich. –
Versteht ihr das? Das Volk bin ich!

Der Narr ist tot

Er hat sein Leben lang gerafft,
gekämpft, gegeizt und angeschafft,
und jetzt fährt er am Himmelstor
mit einem Möbelwagen vor.
Der Petrus steht dabei und lacht:
Du Narr hast alles falsch gemacht,
erst war dein Leben eine Pein,
und hier kommst du nur nackend
rein.

Die Rennbahnkommentatorin

Als ich auf einer Rennbahn war,
sprach eine Frau den Kommentar,
sie las uns vor, wer wohl gewinnt
und wer die Favoriten sind.
Sie kann schon richtig Zahlen lesen,
nur eins ist nicht so gut gewesen:
Die Teilnehmer beim Stutenrennen
will sie immer Weißbrot nennen.

24-Stunden-Kita

Ist der noch im Kopf ganz dicht,
wer von 24-Stunden-Kita spricht?

Kein Affe schenkt doch seinem Kind
das Leben,
um es in den Zoo zu geben.

Er persönlich

Mancher Mensch sagt ganz
beflissen:
„Ich persönlich find das gut."
Ich würde doch mal gerne wissen,
was so einer unpersönlich tut.
So entpuppen sich die Phrasen
nur als leere Seifenblasen;
denn ein Mensch ist ja gewöhnlich
von Natur aus stets persönlich.

Schämt euch!

Der Herr schuf alle Lebewesen,
jedes ist ganz wundervoll,
und es war nichts davon zu lesen,
dass man Hähnchen schreddern soll.
Zynisch klingt da ein Gericht:
„Das widerspricht dem Tierschutz
nicht." –
Ich hab mir mal kurz vorgestellt,
der Richter käme als Hahn zur Welt.

Reformer

Reformer, zeigt mal euren Schneid,
was ihr für Idioten seid.
Macht doch mal ein
Preisausschreiben:
Was muss alles nicht so bleiben?
Denn es wäre doch gelacht,
wenn ihr nicht noch mehr Blödsinn
macht,
ihr habt ja schon mit ganzer Kraft
so viel Gutes abgeschafft,
ich trau euch zu, euch aufzuraffen,
auch den Rest hier noch zu schaffen,
der uns blieb an Tradition. –
Also los, ihr schafft das schon!!!

Tanz in den Mai

Tanz in den Mai war für Gescheite,
darum heißt das Maydance heute.

Pessimisten

Pessimisten empfinden nach jeder
Pleite die Lust:
„Ha! Hab ich doch gewusst!!!"

Ich denk an dich

Ich denke an dich beim Erwachen,
ich denk an dich beim Schlafengehn,
ich möcht dich immer glücklich machen
und immer dir zur Seite stehn.
Mag auch mein Ruf im Wind verhallen,
das Schicksal nimmt ja seinen Lauf,
wenn du mich brauchst, dann lass dich fallen,
du fällst nicht tief, ich fang dich auf.

Geil

Wenn Puffy etwas für schön hält,
dann sagt der Puffy „geil!",
da rutscht wohl hin und wieder
der Verstand ins Hinterteil.

Offenbarung

Ich habe schon mal Twist getanzt,
ich habe einen Baum gepflanzt,
bin eine Nacht lang ausgeblieben

und habe schon ein Buch
geschrieben.
Ich habe mich als Kind verbeugt,
ich habe einen Sohn gezeugt,
bin zur Konfirmation gegangen
und habe einen Wels gefangen.
Ich habe meinen Chef vertreten
und schlief schon einmal ein beim
Beten.
Ich habe ein Gedicht gedichtet
und hier jetzt viel von mir berichtet,
ich habe nur noch eine Bitte:
Lasst mich als Freund in eure Mitte.

Der Pflegefall

Wie man Schaufenster dekoriert,
hat man den Alten ausstaffiert,
Frau und Tochter, die zwei Frauen
übten mit ihm leidend schauen;
denn es war ein Mann bestellt,
und es ging um Pflegegeld.
Wie die Mimen beim Theater
übte der Familienvater
als Schmarotzer von dem Staat
den ihm zugedachten Part.
Er hat gejammert und gestöhnt.
Das Schauspiel war erfolggekrönt,

und der Pflegekassenmann
kreuzte „ja, bedürftig" an.
Da lagen sie sich in den Armen,
der Alte und die beiden Damen,
hoch die Gläser mit dem Sekt,
Pflegestufe ist perfekt.
Die Sprünge von dem Alten reichen
noch locker für ein Sportabzeichen,
und die schlaue Gattin brüllt:
„Jetzt fahren wir erst mal nach Sylt!"

Deutsches Pokalendspiel

Die Hymne hat sehr schön
geklungen, -
einer hat sogar mitgesungen,
mal eine Frage nebenbei:
War denn da ein Deutscher bei?

Kopflos

Der Redner wollte uns erklären,
dass da zwei Kopfmenschen wären.
Ich kann die Logik nicht verstehn
und würd gern mal die ohne sehn.

Termin beim Finanzamt

Herr Diener sagt: „Es tut mir leid,
ich habe heute keine Zeit,"
aber ich belehrte ihn:
„Wir haben heute den Termin."
Herr Diener aber blieb dabei,
dass es jetzt nicht möglich sei.
„Na gut, ich war vergeblich hier,
dann treffen wir uns jetzt bei mir,
dann kommen Sie beim nächsten Mal,
wenn Sie wollen, dass ich Steuern zahl. –
Sie kriegen auch was eingeschenkt
und lernen, wie man einen Gast empfängt. –
Dann werde ich mich jetzt entfernen."
Herr Diener muss noch sehr viel lernen.
Ich glaube, dass er stets vergisst,
dass er mein Angestellter ist.

Die Spucker

Der Lehrer macht die Kinder froh
und geht mit ihnen in den Zoo.
„Ihr habt euch alles angeguckt,
wer von euch weiß denn jetzt, wer spuckt?"
„Au, das weiß ich," ruft so'n Kleener,
„die Fußballspieler und ihr Trainer." –
Nun erklär mal einem Kind,
dass die Spucker Lamas sind.

Mami, warum grinsen die?

Es war in einer Besenkammer,
Papa Boris hatte einen Hammer,
und ein Hammer macht Bum-Bum.
Kind, jetzt weißt du auch, warum.

Ich glaub, der Mensch verblödet aus dem Alltag erzählt…. Teil 1

„Würden Sie Ihren besten Freund kastrieren? Wir schon." lese ich da gerade in der Zeitung. Das ist die Tierseite. Ein Mann mit einem Hund ist abgebildet. Würde ich? Meinen besten Freund kastrieren? Wenn überhaupt, dann würde ich ihn doch kastrieren lassen von einem, der mehr davon versteht als ich. Ich denk darüber mal nach. Oder besser, ich ruf Ronny nachher mal an und frag ihn, ob er das überhaupt will.

Ich lese gerne morgens die Zeitung. Die Kleinanzeigen ganz besonders. Nicht etwa, weil ich ein gebrauchtes Klavier oder eine Freundin suche, sondern weil ich das für lustig und aufschlussreich halte.

Neuerdings gibt es immer diese Überschriften „Achtung" oder „Aufgepasst". Die es besonders faustdick hinter den Ohren haben werden, schreiben beides, „Achtung aufgepasst". Ich werde nie erfahren, was die anbieten oder kaufen wollen. Weil ich bei diesen Überschriften grundsätzlich sage: „Du mich auch!" und es nicht zu Ende lese. So eine Anzeige habe ich noch nie zu Ende gelesen. Warum auch? Es gibt so viele interessante Kleinanzeigen. Warum sollte ich also die lesen, die mich von vornherein warnen, dass sie etwas mit Bauernschläue im Schilde führen. Wenn ich meine Nachbarin frage, ob sie meinen Benjamin Ficus haben möchte, beginne ich das Gespräch doch auch nicht mit „Achtung aufgepasst". Als weiser Mensch, der ich aufgrund meiner Lebensjahre ja nun inzwischen bin, erlaube ich mir ohnehin ein paar Marotten, obwohl ich noch geistig absolut frisch bin und mehr arbeite, als der Bürgermeister und der Oberstudienrat zusammen. Mein Alter? Glauben Sie mir, ich könnte das jetzt durch Subtraktion meines Geburtsjahres von der heutigen Jahreszahl noch locker im Kopf ausrechnen. Aber warum sollte ich das tun? Ich halte andere Dinge für wichtiger und für spannender, als in jedem Jahr mein Alter um die Zahl Eins zu erhöhen. Bei den Marotten war ich stehen geblieben. Und bei der Zeitung. Und der Werbung. Dazu zählt auch, dass ich nicht einsehe, dass mich jeder einfach duzen darf. „Weil du es dir wert bist" soll mich zum Kauf eines Produktes animieren? Bei mir hat das absolut eine negative Wirkung. Wer mich duzt, ohne dass ich es ihm gestattet habe, bei dem kaufe ich nichts. So einfach ist das. Dann sollen sich seine Kunden auf die beschränken, die nichts dagegen haben, von solchen wildfremden Leuten geduzt zu werden. Außerdem vermute ich dahinter eine Schlechtigkeit. Sie wollen mich mit dem vertrauten Ton überrumpeln. Ich lasse mich aber nicht gerne überrumpeln. Deswegen klappt das bei mir nicht. Aber ich werde auch den Gedanken nicht los, dass man mir damit eine große Portion Blödheit unterstellt, auf so etwas hereinzufallen. Und wenn mir einer Blödheit unterstellt, bin ich beleidigt und will mit dem erst recht nichts zu tun haben. Sagen die nicht selbst „ich bin doch nicht blöd". Oh doch, seid ihr, ganz extrem sogar, wenn ihr glaubt, auf dem Niveau mit mir ins Geschäft zu kommen. Warum lese ich eigentlich auch die Mietgesuche? Ich wohne hier seit über dreißig Jahren und habe doch nicht den Plan, hier aus meiner Hütte

auszuziehen. „Ruhige Studentin…".
„Solventes Paar sucht kleine Wohnung…". Komisch, nur nette Leute. Warum sucht nie eine Krawallbiene eine Wohnung in Uni-Nähe? Warum nicht auch mal zwischendurch „Mietnomaden suchen sich zu verändern." Nein, alles nur nette, sehr positive Leute, die auf Wohnungssuche sind. Da ist man gleich traurig darüber, dass man nichts zu vermieten hat. Von solchen Leuten wäre man doch eigentlich auch ganz gerne umgeben. Lustig finde ich auch die Anzeigen von Akademikerinnen und von Beamten. Woher ich das weiß? Weil sie es dazuschreiben. „Beamter des gehobenen Dienstes sucht eine Partnerin für glückliche Stunden." Na, ob das gut geht bei dem Ruhebedürfnis der Beamten, wage ich auch zu bezweifeln. Ach, da ich gerade von einer Kontaktanzeige spreche. Was ist eigentlich eine schöne Oberweite? Eheanbahnungsinstitut Doris oder Partnervermittlung Waage haben anscheinend nur Frauen in ihrer

Kartei mit schöner Oberweite. Kann man das nicht präziser ausdrücken für den, den so etwas interessiert? Gewicht je Brust, wie viel Zentimeter, oder bei älteren Damen welche Fallhöhe. Dann wüsste Mann doch gleich, was ihn da erwartet. Ob sie raucht, ob sie trinkt, ob sie extrem streitsüchtig ist, scheint bei den Instituten keine Rolle zu spielen. Und wenn die Dame mit der schönen Oberweite einen Herrn sucht, der mindestens ein Eigenheim besitzt, dann umschreibt das Doris oder Waage mit „ich mag Gartenarbeit." Das heißt so viel wie, er sollte ein Haus mit Garten besitzen und die schöne Oberweite sonnt sich im Liegestuhl und schaut dem Gärtner bei der Arbeit zu.
„Privat sucht alles" ist auch eine ständige Zeitungsanzeige der lustigen Art. Gewerbliche Anzeigen sind ja wesentlich teurer als private. Deshalb möchte der Antiquitätenhändler für diesen kleinen Moment aus finanziellen Gründen gerne Privat sein. „Privat sucht Gold, Silber, Uhren, Pelze.

Alles anbieten!" Nein, da kann doch die zuständige Stelle bei der Zeitung nicht auf die Idee kommen, dass das gewerblich sein könnte. Steht doch ausdrücklich dabei „Privat" sucht. Woche für Woche die gleiche Anzeige. „Privat sucht alles." Wann hat denn endlich Privat mal alles zusammen? Ich hätte längst meinen Hausmüll hingeschickt, wenn er doch alles sucht. Aber es steht leider keine Adresse dabei. Oder die Katze, die eines Morgens tot bei mir im Garten lag. Ich hätte sie ihm doch schicken können. Wer alles sucht, der sucht auch eine tote Katze. Dieser Dauerauftrag über Jahre muss wohl für die Zeitung so lukrativ sein, dass sie die gewerbliche Absicht dahinter gar nicht erkennt. Und da immer noch jede Schandtat ihre Nachahmer gefunden hat, sucht ein anderer Privat Woche für Woche Nähmaschinen, Schreibmaschinen, Computer, Teppiche, Fahrräder und vieles mehr und scheint gar nicht genug davon zu bekommen. Meine Frau war Schneidermeisterin, aber mehr als drei Nähmaschinen hat die gar nicht gehabt. Ich wüsste auch nicht, wofür ich neunhundertneunzig Schreibmaschinen brauchen sollte. Na gut, ich bin ja auch in dem Sinne vielleicht nicht ganz Privat. Privat scheint das alles zu brauchen. Privat kauft übrigens auch große Sammlungen von Briefmarken und Münzen, Schmuck und Puppen. Wo Privat die ganzen Gemälde, Klaviere und Flügel unterbringt, die Privat seit Monaten sucht, bleibt auch sein Geheimnis. Genug Pelzmäntel müsste er eigentlich auch längst im Schrank haben, auch wenn es ihm nach seinem diesbezüglichen Bedarf sehr kalt zu sein scheint. Und Privat zahlt bar. Hat er selbst versprochen. Also so arm scheint Privat ja dann doch nicht zu sein, dass er nicht auch eine gewerbliche Anzeige bezahlen könnte. Ich kenne einen Privat und helfe ihm auch ab und zu aus, der hat Schwierigkeiten, bis zum Monatsende seinen Lebensunterhalt zu bezahlen, weil das Geld nicht reicht. Aber er kann das ja nicht inserieren, dazu fehlt ihm ja auch das Geld. Außerdem, wer es

so bitter nötig hat, der schreit am
wenigstens nach Hilfe. Und ich
garantiere Ihnen, wenn der auf die
Idee käme, mit alten Sachen einen
Handel zu beginnen, der würde den
Preis der gewerblichen Anzeigen
dafür bezahlen. Wetten, dass…?

Völkerverständigung

Lieben kann man international. –
Warum, Mensch, versuchst du's
nicht einmal?
Liebe ist so wie das Sonnenlicht,
es braucht die Sprache und die
Worte nicht.
Eine Uhr, die ohne Unruh schlägt.
Liebe ist, was man im Herzen trägt.
Schau mal in ein liebendes Gesicht,
dann weißt du: Liebe braucht die
Sprache nicht!

Dolmetscher

Man kann Dinge so sagen,
dass sich Gegner vertragen.
Worte gehen dahin,

was zählt, ist der Sinn
und das Ziel.
Sonst ist jedes Wort zu viel.
Vor einem Dolmetscher, der übersetzt,
aber nie verletzt,
zieh ich meinen Hut;
denn er macht die Sache gut.

Bundesligagesetz

Jeder spielt vierunddreißig Mal,
und dann kriegt Bayern den Meisterpokal.
Solange, bis Gerechtigkeit siegt
und Schalke ihn kriegt!!!

Duzfreunde

Der Elfmeter eben
ging knapp daneben.
Der Reporter ist zum Lachen
und sagt: „Den musst du machen!"
Ich denke, meint der mich
und frage: Wieso ich?
Wer ist dieser Du? –
Hör ihm doch einfach nicht mehr zu!

„Für mich war das ein Foul!"
Ja, dann geh vom Platz und halt das Maul.
„Da kannst du ihn verletzen."
Wieso ich? – Deutsch sechs, setzen!

Erziehung bei Satiriker B.

Es gehört sich einfach nicht,
dass der Sohn schlecht über den Nachbarn spricht.
Für „Guck mal, das Arschloch"
bekam er den Hintern voll,
weil er „der Arschloch" sagen soll.

Der Nachbar und die Müllabfuhr

Am Montag kommt die Müllabfuhr.
Wer Rücksicht nimmt, schaut auf die Uhr,
damit er nicht den Nachbarn stört,
weil sich so etwas nicht gehört
und man an Sonn- und Feiertag
da draußen nicht die Tonnen mag.
Mein Nachbar kennt sich da nicht aus,

er stellt den Müll schon freitags raus.
Aber jetzt mal ohne Spaß:
Rücksichtnahme, was ist das?

Ich denke mal

Die Menschen im Neandertal
sagten schon „ich denke mal"
und wollten auf den Zustand lenken,
dass sie nur mal selten denken.
Und wie diese Urzeitleute
sprechen manche auch noch heute.
Endet das auch oft fatal,
manche Menschen denken mal.
Spitzendenker sagen hier
auch dazu „ich denke mir"
oder auch „ich denk mal so".
Vorfahren findet man im Zoo.
Es gibt ganz verschiedene Arten
liebenswürdiger Primaten.

Der Pessimist

Die Sonne lacht am Himmelszelt,
was wär das eine schöne Welt,
wie herrlich wäre dieses Leben. –
Es könnte aber Regen geben!

6 mal 8 ist hä?

Ich glaub, die Schulen ändern schon
jetzt auch die Multiplikation.
Ich hab nach 6 mal 8 gefragt,
da hat der Schüler „hä?" gesagt.

Traurige Erkenntnis

Nicht hinter jeder Stirn
befindet sich ein Hirn.

umzingelt

Er war von Dummheit umzingelt
und hat sich vor Lachen gekringelt;
denn es war ihm nicht klar,
dass er selbst noch viel dummer war.
Dann stellen wir uns mal darauf ein,
in guter Gesellschaft zu sein.
Wir sind von Schwachsinn umzingelt,
dass sich am Fuß der Nagel kringelt,
und niemand steht mal auf und sagt,
wie ihn der ganze Blödsinn plagt.

Fernsehprogramm

Verblödet und verblendet,
für wen wird das gesendet?
Wer hat das nur verbrochen
und vom Bildungsauftrag
gesprochen?
Man hat das schon sehr früh erkannt
und das Fernsehen Anstalt genannt.

Die Vorstellung fällt aus

In Sachsen stand in der Zeidung
im Deader brannde die Leidung.

Im Etablissement

Sie fragte einen von den Herrn:
„Mein Schatz, wie hättest du es
gern?"
Da warf er sie von seinem Schoß.
„Wie ich es will, so tust du's nicht, ich
will es kostenlos."

Früher

Früher war keine bessere Zeit,
wir waren auch nicht alle gescheit.
Wollen Sie mehr darüber erfahren,
dann fragen Sie Menschen mit
grauen Haaren.

Der Doktor vom Schillertal

Der Doktor aus dem Schillertal
traf damals eine falsche Wahl,
der Mann hat Medizin studiert
und sich in den Beruf verirrt.
Dem Doktor aus dem Schillertal
sind die Patienten eine Qual.
Schlägt man den Weg als Doktor ein,
muss der Beruf Berufung sein,
vielleicht wär ja der arme Mann
als Förster richtig glücklich dran.

Galoppzirkus

Ich kann die Leute gut verstehn,
die nicht mehr auf die Rennbahn
gehn.
Ich bin ja auch ein Pferdenarr,

der oft bei den Galoppern war,
doch das ist wirklich nicht zum Lachen,
was die jetzt aus der Rennbahn machen.
Event mit Looserreservierung,
Ladysday und Hutprämierung,
dann gibt ein Mensch, der lesen kann,
ganz ernst den Stand der Quoten an,
wer dann noch nicht die Lust verlor,
dem spielt man laute Musik vor. –
Wer Musik will, geht ins Konzert.
Der Wetter hat sich abgekehrt,
und dann fragt man sich fassungslos:
Was ist mit dem Galoppsport los?
Ich will es Ihnen gerne sagen:
Wir können den Zirkus nicht ertragen;
denn Menschen, die zur Rennbahn gehn,
die wollen Sport und Rennen sehn
und mögen es auch nicht, dass jetzt
ein Clown die Quoten schlechter schwätzt.
Vielleicht habt Ihr es nun vernommen,

warum wir Wetter nicht mehr
kommen.
Da nützt auch keine Perlenkette
und keine hohe Viererwette,
wenn Ihr den alten Stamm vertreibt
und Zirkus auf die Fahnen schreibt.
Schickt Gaukler und Reformer fort
und zeigt uns wieder Pferdesport. –
Die schreckliche Musik hört dann
im Auto auf dem Heimweg an,
wenn Ihr das Klappern wirklich
braucht
und Euch der Kopf davon nicht
raucht.
Die Pferde werden danke sagen,
die auch nicht so viel Lärm
vertragen.

Die Bardame

Dass sie deinen Scheck nicht will,
verstehe ich bei der Dame.
Bei solchen Damen zahlt man bar,
das sagt doch schon ihr Name.

Scheinbar

Scheinbar wird das Wetter schlecht,
also wird es gut,
scheinbar ist er feige,
also hat er Mut.
Scheinbar heißt, es scheint nur so,
doch das weiß er nicht,
scheinbar kann er nämlich Deutsch,
der da ins Mikro spricht.
Es regnet so viel auf der Welt,
weil Herr Duden im Himmel weint,
wenn der Puffy immer „scheinbar"
sagt,
wenn er „anscheinend" meint.

Im Wartezimmer

Wenn sie an Fingernägeln kaut
und man zu ihr herüberschaut,
dann schaut sie ganz verlegen.
Ich frage mich: Weswegen?
Die Alte ist ein wahrer Grantel,
trotzdem half ich ihr in den Mantel,
was nur für die Erkenntnis spricht:
Die jungen Leute tun das nicht!
Dann müssen doch wir Alten
galant den Mantel halten,

weil jeder Affe dazu neigt,
das nachzutun, was man ihm zeigt.
Und prompt ist von den Jungen
auch einer aufgesprungen.

Die Dankesrede

Meine Damen, meine Herrn,
den Preis nimmt halt jeder halt gern,
als preisgekrönt halt steh ich hier halt heut
und hab mich halt sehr halt gefreut.
Ich beherrsche halt das deutsche Wort,
das spürt halt das Publikum halt sofort.
Und das hat halt auch die Jury halt erkannt
und mir halt den ersten Preis halt zuerkannt.
Dass mich halt heute halt das Fernsehen halt so ehrt,
das ist mir halt schon halt ein großes Danke halt wert.
Und sollte ich halt mit meiner Satire halt auch in Zukunft halt Menschen halt verletzen,

ich werde mich halt immer für ein
gutes Deutsch halt und halt ein
hohes Niveau halt einsetzen.
So bedanke ich mich halt auch bei
meinem Schwager halt und meinen
Freunden halt in der Jury halt für den
ausgezeichneten Preis:
„Der größte Medienschweiß."
(hier ist ein Tippfehler nicht ausgeschlossen)
Ach, was ich noch sagen wollte:
Literaturpreis wär schön, falls man
mich noch mal ehren sollte.

Die schönen alten Wörter

Früher waren das die Puschen,
Indoorshoe heißt jetzt das Ding,
dafür geht man heute duschen,
wo man früher baden ging.
Im Gesicht trägt man ein Piercing,
da war einst ein Muttermal,
braids sagt man zu Zöpfen heute,
Deutsch? Was war denn das nochmal?
Abends traf man seine Liebste,
heute haben sie ein Date,
dann sind sie alleinerziehend,
weil das auch auf Englisch geht.

Meine Persönlichkeit

Jetzt suche ich schon die ganze Zeit
bei mir nach der Persönlichkeit,
wo habe ich sie denn verloren?
Ich wurde doch mit ihr geboren!
Ich suche jetzt schon tagelang,
auf meinem Schreibtisch und im Schrank,
In meinen Händen, im Gesicht
und auch im Spiegel ist sie nicht.
Ich trage sie doch auch nicht lose
in meiner Tasche oder Hose.
Na gut, dann lerne ich es eben,
ohne Persönlichkeit zu leben
als eine Null inkognito. –
Das machen manche immer so!

Heimatklänge

Wenn die Blagen rumbandusen
oder an der Emscher schmusen,
kriegen sie was vor die Fott.
So schön klingt es im Kohlenpott. –
Bottropskis sagen im Vertrau'n:
„Gleich krisse den Arsch gehau'n!"

Berufskrankheit

Eigentlich wollte ich nur mal eben meine Medikamentenbestände auffrischen. In der Apotheke meines Vertrauens hat es einen Mitarbeiterwechsel gegeben. Als ich dort mit meinem höflichen „Guten Tag" die Apotheke betrat, standen zwei Mitarbeiterinnen direkt vor mir hinter der Theke, eine dritte im Hintergrund. Meinen Gruß erwiderte niemand. Ich drehte mich um und ging in die nächste Apotheke. Es war leer, außer zwei Mitarbeiterinnen und einem Apotheker. „Guten Tag." – Der Apotheker schaute gar nicht auf, bei den Damen hatte ich das Gefühl, dass jeden Moment eine „Mäh!" macht. Meinen Gruß erwiderte auch hier niemand. Zugegeben, ich spreche manchmal noch ein bisschen Gelsenkirchener Dialekt. Vielleicht hab ich „Guten Tach" gesagt, sie halten einen Gelsenkirchener für einen Ausländer, und sie grüßen vielleicht keine Ausländer. Was tun? Ich verschob den beabsichtigten Medikamenteneinkauf auf den nächsten Morgen und machte den dritten Versuch in einer anderen Apotheke, man hat ja in dieser Kleinstadt diesbezüglich eine gute Auswahl. Bei dem Gruß „Guten Morgen" kann man auch als Gelsenkirchener nichts falsch machen. Hier war ein Herr, vermutlich der Apotheker, hinter der Theke, der sich angeregt und offensichtlich privat mit einer Dame unterhielt. „Guten Morgen", sagte ich betont deutlich und laut vernehmbar. So laut wohl, dass er sich gestört fühlte und kurz zu mir aufsah. Sein Blick erinnerte mich an die früheren Nebelleuchten an meinem VW-Käfer. Den Gruß erwiderte er nicht. Stattdessen setzte er sein Gespräch mit der Schönen munter fort, und ich ging. Nach dreiunddreißig Jahren im

Bergischen klingt mein „Guten Morgen" fast Oberbergisch. Nein, das kann nicht an meinem Ruhrgebiets-Dialekt liegen. Das muss eine Berufskrankheit sein. In allen anderen Geschäften erwidern sie ja meinen Gruß, überwiegend sehr freundlich sogar. Ich kenne die Ausbildung von Apothekern und Apothekenhelferinnen nicht, aber den Gruß eines Kunden erwidern steht sicher nicht auf deren Lehrplan. Das waren jetzt immerhin schon sieben Mitarbeiter, von denen einer mal abweisend hochgeguckt hat und die anderen eher wie ausgestopft wirkten. Aber Moment: Ist man in einer Apotheke überhaupt ein Kunde? Oder ist man vielleicht doch „nur" ein Patient, dem man gnädig einen Dienst erweist, aber nicht bereit ist, ihm auf Augenhöhe zu begegnen?

Bevor ich mir die Medikamente in einer anderen Stadt hole, mache ich noch einen Versuch in der Apotheke im Vorort. Da soll es einen höheren Ausländeranteil geben, hat man mir mal gesagt, vielleicht kann ich mich da als gebürtiger Gelsenkirchener unbemerkt einreihen. Entweder „dóbry djén" – oder „Guten Tag"? Nach kurzem Zögern habe ich mich für „Guten Tag" entschieden. Mit diesem Vorsatz und gemischten Gefühlen fuhr ich entschlossen zur Vorortapotheke. Ich glaube, die Tür war noch nicht wieder ins Schloss gefallen, ich hatte noch gar nichts gesagt, da sagte eine freundlich lächelnde Dame: „Guten Tag." Stellen Sie sich das mal vor! In einer Apotheke in dieser Stadt sagt eine freundlich lächelnde junge Dame „Guten Tag" zur Begrüßung! Was für eine Wohltat nach meinen vorangegangenen Erlebnissen. Ich könnte sie umarmen. Das mit der Berufskrankheit nehme ich zurück. Beim nächsten Mal frage ich sie, woher sie kommt. Vielleicht aus Gelsenkirchen-Bismarck, Stadtmitte oder vielleicht Schalke?

Beim Arbeitsamt

„Dann erzählen Sie mal, was Sie so können."
„Was soll ich da erzählen?"
„Haben Sie handwerkliche Fähigkeiten?"
„Nee, handwerklich, - nee, eigentlich nicht."
„Das schränkt die Möglichkeiten natürlich schon sehr ein! – Haben Sie kaufmännische Kenntnisse?"
„Kaufmännisch? – Nee, eigentlich nicht. Kaufmännische Kenntnisse habe ich keine."
„Auch nicht? – Aber landwirtschaftliche Kenntnisse? Oder Forstwirtschaft? Straßenbau?"
„Nee, da kenne ich mich nicht so aus."
„Aber mit Kindern oder mit Kranken können Sie gut umgehen?"
„Mit Kindern und Kranken? Nee, eigentlich nicht so."

„Haben Sie denn irgendwelche Spezialkenntnisse oder Fähigkeiten?"
„Spezialkenntnisse? Nee, Spezialkenntnisse hab ich nicht."
„Au Mann, dann sind Sie schwer zu vermitteln. - Was haben Sie denn gelernt?"
„Gelernt? Ich kann Blockflöte spielen."
„Blockflöte??? – Tja, einen Blockflötenspieler brauchen wir eigentlich gerade nicht. Erzählen Sie mal aus Ihrem Leben, was haben Sie denn so gemacht."
„Was ich gemacht hab. Geschlafen. Auch mal aufgestanden. Ich hab mich geoutet und mir'n Freund gesucht, der so schwul ist wie ich." -
„Ja, warum sagen Sie das denn nicht gleich!!!!!? Dann werden Sie doch Chefredakteur beim Sender! Da werden immer qualifizierte Leute gesucht."

Ein smartes Phon

Ich bin ein Mensch, der sein
Smartphon nie vergisst;
denn ich besitze keins
und weiß nicht einmal, was das ist.
Was wir nicht kennen und nicht
wissen,
das können wir auch nicht
vermissen.

Gefährlicher Russe

Wir dürfen nicht den Russen trauen
und müssen viel mehr Waffen
bauen,
welcher Blödmann, mit Verlaub,
will, dass ich den Unsinn glaub?
Ob da ein Waffenproduzent
vielleicht korrupte Leute kennt?

Einbrecher

Kriegen Sie einen Dieb zu fassen,
bitte nicht gleich laufen lassen;
denn als guter Bürger hier
bringt man ihn zum Polizeirevier.

Und für ihren Weg zurück
brauchen Sie ein bisschen Glück,
mit einem Taxi, das ist klar,
sonst ist der Dieb vor Ihnen wieder
da.

Sportprobanden

Einer dieser Sportprobanden
hat das mit dem Du verstanden,
er ist wohl ein helles Licht,
da musst du, bist du sagt er nicht,
als Torwart muss ich das doch sehn,
als Stürmer muss ich da doch stehn,
er sagt dafür nur immer ich,
der läuft, der spielt, der foult für mich,
das war für mich ein guter Schuss,
für mich war das ein Pferdekuss,
für mich gehn die zu wenig vor,
für mich steht der zu weit vorm Tor,
Ein Spieler fand das fürchterlich
und rief: „Wir tun das nicht für dich!!!"
Worauf der Pegel völlig fiel:
Für mich ist das ein geiles Spiel.

Der verliebte Fußballspieler

„Warum spuckst du denn beim Küssen?"
„Ach, mein Schatz, das musst du wissen,
das ist bei uns Profis Fakt,
wir spucken im Minutentakt.
Ich spuck zu Hause auch ins Bett,
spuck auf den Teppich, aufs Parkett,
ich spuck in alle Nischen. –
Da kriegst du viel zu wischen.
Beim Ringe tauschen und beim Ja
spuck ich auch vor dem Traualtar,
ich spuck zu jeder Tageszeit,
ich spuck dir auch ins Hochzeitskleid
und auch auf deinen Babybauch,
beim Mittagessen spuck ich auch
in den Salat und aufs Filet,
ich spucke, wo ich geh und steh,
ich rotze noch und nöcher
wie ein Galapagos-Leguan
auch durch die Nasenlöcher. –
Ich hab ein Spiel, ich muss jetzt gehn,
im Fernsehn kannst du es ja sehn.

Wunder

Dass Tote wieder auferstehn,
das steht im Neuen Testament.
Man kann es auch beim Fußball
sehn,
wenn der Gefoulte wieder rennt.

Die leere Uhr

Der Puffy schwätzt in einer Tour:
„Die Zeit läuft wieder von der Uhr."
Bald ist die ganze Uhrzeit weg,
es hat ja alles keinen Zweck,
hört sie nicht bald auf wegzulaufen,
muss ich mir eine neue kaufen.

Der Stress

Ich hab mich in den Spruch verliebt,
dass es den Zustand Stress nicht
gibt.
Da hatte ich mich wohl geirrt
und meine Meinung revidiert.
Der einzig wirklich wahre Stress,
das ist ein Analabszess.
Er braucht zwei Tage oder drei,

dann ist er wie ein Hühnerei,
und diese Schmerzen ohne Ende
kommen stets am Wochenende.
Zwei Tage wünscht man nichts so sehr:
Ach, wenn doch endlich Montag wär.
Das stört im Liegen wie im Stehn,
man kann nicht sitzen und nicht gehn.
Chirurgen kann ich nicht so leiden,
die wollen immer sofort schneiden.
Frau Doktor ist da mehr human,
das deutet auch ihr Titel an.
Die MTA hat keinen Schimmer:
„Setzen Sie sich ins Wartezimmer!"
Im Mix aus Häme und aus Wut,
denkt man: „Sitzen, Sie sind gut!"
Frau Doktor sagt: „Oh ja, ich seh,
und jetzt tut es ein bisschen weh,
ich stech mal mit der Nadel rein,
um es von Eiter zu befrei'n."
Das mit der Nadel ging wohl schief.
„Es tut mir leid, das sitzt zu tief."
Und nun war die Behandlung klar:
Fünf Tage Antibiotika.
Jetzt lieg ich wach in meinem Bett,
wie gern ich nachts geschlafen hätt,
doch daran hindert mich ein Stress,
und der nennt sich Analabszess.

Braune Grütze

Von Geburt an hat der Knabe
den IQ wie eine Schabe,
unter seiner schwarzen Mütze
blubbert eine braune Grütze.
Nein, wir müssen sie nicht hassen,
doch es gilt, gut aufzupassen
und es ihnen zu verwehren,
sich gefährlich zu vermehren.

Freund Günter und das Internet

Freund Günter schreibt sie alle an,
dass man auf sie verzichten kann
und sagt es jedem ins Gesicht:
Wir brauchen die Scheißtechnik
nicht.
Sehr geehrter Fatzebuck,
wenn ich auf deine Seite guck,
sind viele, die ich gar nicht kenne,
aber trotzdem Freunde nenne.
Wir können uns bei meinem Neffen
in der Gartenlaube treffen,
ich lade dich auch herzlich ein,
am Sonntag mit dabei zu sein.
Die Else macht uns ein paar
Schnitten,

um eine Spende darf ich bitten,
Kiste Bier besorge ich. –
Fatzebuck, ich bau auf Dich!
Lieber Ebay, sei so nett
und räum den Platz im Internet,
wir haben alles, was wir lieben.
Ich hab auch Fatzebuck
geschrieben,
wir können uns bei meinem Neffen
alle mal zum Bierchen treffen.
Zum Angeln kaufe ich die Maden
bei uns im Tante-Emma-Laden,
die Seife und den Tabak auch,
ich krieg hier alles, was ich brauch.
Also hör, was Günter spricht,
Ebay, mach die Schotten dicht!
Lieber Google, altes Haus,
das hältst du doch im Kopp nicht
aus,
was bei dir so alles steht
und durch deine Birne geht.
Doch ich sag nicht ohne Hohn:
Googleman, wer braucht das schon?
Ohne Laptop war'n die Leute
doch nur halb so doof wie heute.
Also, pack paar Grillsteaks ein
und komm zum Gartenbauverein,
wo wir uns bei meinem Neffen
Sonntag in der Laube treffen!

Sehr geehrter Herr Ju Tube,
unser Radio in der Stube
war doch immer gut für mich,
wozu brauch ich also dich?
Ich hab sowieso beschlossen,
das Internet wird ganz geschlossen,
auch mit Imehl ist jetzt Schluss.
Also servus, schönen Gruß!
Macht euch ein, dann bis zum Treffen
nächsten Sonntag bei mein Neffen
pünktlich zwischen drei und vier,
Euer Günter aus dem Ruhrrevier.
Liebe Freunde, liebe Foren,
ich habe so viel um die Ohren,
du meine Güte, meine Fresse,
das fehlt noch, dass ich euch vergesse.
Auch ihr seid herzlich eingeladen,
ein Bier kann euch bestimmt nicht schaden,
Onkel Günter gibt ein aus,
ich stell schon mal die Stühle raus,
weil ich in der Gartenlaube
Sonntag an die Sonne glaube.
Bin ein armer Pflegefall,
bringt wat mit auf jeden Fall,
kann wat inne Pulle sein,

Günter trinkt auch Schnaps und
Wein.
Und liebe Freunde, seid so nett
und löscht das blöde Internet.
Ich sitze gerne hier und warte
lieber auf ne Briefpostkarte
wie in guter alter Zeit.
Hochachtung, voll und hocherfreut!

Gut geruht

Zwei Beamte sind im hohen Norden
hundert Jahre alt geworden,
dann waren die Kadetten
nur noch umzubetten.

Der Etappenschläfer

Ich bin ein Etappenschläfer,
ich schlafe in Etappen,
und wenn das nachts nicht richtig
klappt,
wird das am Mittag klappen.

Öffentliche Ausschusssitzung

Meine Damen und Herren,
hochverehrter, sehr geschätzter
Vorsitzender, - ach, so, das bin ich ja
selbst!!! – Ich begrüße sie zur
heutigen Ausschusssitzung und
insbesondere auch die Damen und
Herren der Presse….

Mainzer Wassereimergedicht

Wassä ist im Eimä,
sonst tät es sich nicht reimä.

Grausames Geld

Als der Mann von nebenan
im Lotto die Million gewann,
da zeigte sich schon über Nacht,
was Geld aus einem Menschen
macht.
Er stolzierte wie ein Pfau daher,
grüßte keine Nachbarn mehr
und hatte schon nach kurzer Zeit
mit allen alten Freunden Streit.
Die Arbeit hat er aufgegeben

und werkelte am neuen Leben.
Nach kurzer Zeit zog er hier aus,
er kaufte sich ein neues Haus
und rief den Menschen hinterher:
„Ich nehme keine Rücksicht mehr!"
Jetzt ist er einsam und allein. –
Geld kann doch furchtbar grausam
sein.

Reform der Jugend

Ganz vorne in der Prozession
geht Markus, der Pastorensohn
und setzt ein großes Schild in Szene:
Ich bin ein Freund der Ökumene.

Schwierige Abiturfrage

„Wer ist Shakespeare,
Meyer, Klaus?"
„Mit Fußball kenne ich mich nicht
aus."

Sonderurlaub

Herr Diener liegt auf Norderney
bei 14 Grad am Strand,
er nahm sich heute hitzefrei,
sein Office hat gebrannt.

Viel Arbeit

Viel Arbeit hat oft wenig Zweck,
gibt's viel zu tun,
dann pack es weg.

Die besonders moderne Frau

Die besonders moderne Frau
erkennt man daran,
dass sie nicht treu ist
und nicht kochen kann.

Anzeige für vermeintliche Herrn

Neu eingetroffen hier im Stall
sind Pamela und Chantal,
Herren mit den großen Kutschen
können gern mal rüberrutschen.

Für arme Schlucker so wie immer
das Sparmodell im Hinterzimmer
oder Super-Super-Spar
pflegeleicht und aufblasbar.

**Monogam
oder: Mein schönstes Gedicht**

Warum denn nur eine lieben,
es gibt so viele hier auf Erden,
es sei denn,
man will glücklich werden.

Ein Tatsachenbericht

2,4 Millionen Euro ausgegeben
für 200.000 Mäuseleben,
das gab Neuseeland jetzt bekannt.
Die Mäuseplage ist gebannt.
Was den Materialeinsatz betrifft:
65.500 Kilogramm Mäusegift.

Herr Richter, der übertreibt

I give him a little touch,
and he killed me very much.

Kindermund

„Die Menschen ächten,
Schafe schächten
und ein kleines Kind beschneiden, -
Mutti, sind das alles Heiden?
Und weil ich Omas Tuch bekam,
gehöre ich jetzt zu dem Islam?"

Beamtenhosen gibt es nicht

Herr Diener fragt, warum die Hose
hinten eine Wölbung hat,
man sitzt sich ja doch mit der Zeit
sowieso den Hintern platt.

Beamtenschelte

Es wäre wirklich angebracht,
mit der Kritik zu spar'n,
Herr Diener hat sein Leben lang
doch wirklich nix getan.

Mein Junge, nimm die Mütze ab

Bevor ich Lust zu helfen hab,

nimm erst mal deine Mütze ab.
Dass man mit jedem Anstand bricht,
gehört sich auch noch heute nicht,
es ist so, wie es immer war:
Mützen sind für draußen da!
Man sieht auch im geschlossenen Haus
mit Kopfbedeckung dämlich aus,
und wenn dich so etwas nicht stört,
dann weißt du nicht, was sich gehört.

Schreibfehler

Wie man es schreibt, ist ihm nicht wichtig,
auch „Froher Leichnahm" war nicht richtig.

Spinner

Gilt es, Feiern auszutragen,
da kann man jetzt auf gut Deutsch
einfach auch Events zu sagen.

Misanthrop und Denunziant

Er fordert eine Blitzkontrolle
und ruft: „Sperrt die Raser ein!"
Der Alte kann sich selbst nicht leiden
und hat keinen Führerschein.
Vermutlich denkt der Misanthrop:
Denunzieren „ist mein Jooob."

Die Bürgschaft für Meier & Co

Gewähret mir die Pleite,
in eurem Bunde der Zweite.

**Ich glaub, der Mensch verblödet
aus dem Alltag erzählt….Teil 2**

Haben Sie schon mal das Wort
„Volksschule" gehört? So hieß das
früher, wo man uns Lesen,
Schreiben und Rechnen beigebracht
hat. Unser Lehrer kam noch mit
einem Rohrstock in die Schule. Und
der diente nicht als Angelrute,
sondern damit gab es was hinten
vor, wenn einer nicht parierte.
Manchmal sogar auf die Finger,

wenn die Fingernägel nicht sauber waren. Wir haben sogar Gedichte auswendig gelernt. Und Volkslieder gesungen. „Komm lieber Mai und mache die Bäume wieder grün." Die meisten kann ich heute noch auswendig, und es ist ja schon ein Weilchen her. Altersgenossen von mir werden sich erinnern. „Ich hab es getragen sieben Jahr" ist nicht die Feststellung vom Enkel Kevin über sein altes T-Shirt, sondern so fängt die Ballade „Archibald Douglas" von Theodor Fontane an, die wir auswendig lernen mussten. Heute würde ich sagen: Die wir auswendig lernen durften. Es ist doch ein Jammer, dass diese alten Schätze immer mehr in Vergessenheit geraten. Ich weiß auch heute noch, was ein Dativ ist. Und ein Genitiv. Nein, nein, das hat nichts mit Sexualkunde zu tun, das lernten wir in Deutsch. Ja, stellen Sie sich vor, wir lernten tatsächlich Deutsch in der Schule. Unser Lehrer konnte das auch! Ich kann das verstehen, wenn man heute die Frage aufwirft: „Wozu brauchen die Lehrer Latein?" Ja, die

Frage ist doch berechtigt. Wozu denn Latein, wenn sie auch schon kein Deutsch mehr brauchen? „Du brauchst dich nicht wundern, du hast mir scheinbar halt nicht zugehört," sagt der Lehrer. Für den Satz hätten wir früher in Deutsch eine Sechs gekriegt. Da stellt sich doch die Frage: Wo hat dieser Lehrer Deutsch gelernt? Was an dem Satz falsch ist? Alles ist an dem Satz falsch! Infinitiv mit zu, „brauchst dich nicht zu wundern," muss es heißen. Und wenn der Lehrer meint, ich habe ihm nicht zugehört, dann heißt das nicht „scheinbar", sondern „du hast mir anscheinend" nicht zugehört. Scheinbar bedeutet nämlich, dass etwas nur so scheint, als ob. Dann hätte ich ihm ja doch zugehört. Na ja, und das Füllwort „halt" in dem Satz geht in die Rubrik Virus D, der Dummschwätzervirus, und hätte bei uns in der Schule großes Gelächter ausgelöst. Nein, ein Lehrer, der so spricht, der braucht kein Latein. Der braucht einen anderen Beruf. Aber was machen wir, wenn die Volksschüler ausgestorben sind und keiner mehr weiß, was überhaupt richtiges Deutsch ist? Vielleicht die nächste Rechtschreibreform, nach der dann alles erlaubt ist in Schrift und Sprache? Die letzte hat ja schon einige Kuriositäten hervorgebracht und fast die ganze Nation sagt inzwischen „halt". Da musst du halt, da bist du halt, da kannst du halt..." in Verbindung mit diesem primitiven „Du" und „ich dachte halt, da sind wir halt, wir waren halt..." ohne Ende, ohne Sinn! Wie sagte noch die alleinerziehende Mutter: „Es war halt Sommer und der Mond schien halt so schön, wir waren halt verliebt und da hat er mich halt in den Arm genommen und da ist es halt passiert." Nur an dieser einen letzten Stelle hätte sie „Halt!" sagen sollen, dann wäre es „halt" nicht passiert... Ich will jetzt hier nicht zu sehr abgleiten, aber auch unser Torwarttitan sagte als Experte und Co-Kommentator zu seiner Gesprächspartnerin vom Fernsehen: „Da musst du halt immer mit rechnen, dass du einen reinkriegst." Na gut, er wird es wissen. Mit dem

Deutsch hapert es noch ein bisschen. Warum in diesen Sätzen „Du" und warum „halt" vorkommt, bleibt für mich ebenso ein Rätsel wie die Frage, wer denen so etwas beigebracht hat und warum es sich immer größerer Beliebtheit erfreut. Der Virus D breitet sich aus! Mich erstaunt es allerdings auch, dass die Journalistin dem Torwarttitan mit einem gehauchten „Ja" antwortete, anstatt mit „Was fällt Ihnen denn ein!?" Wenn sich heute junge Leute anlässlich ihrer Abiturfeier als Hure und Zuhälter präsentieren, randalieren und mit Ketchup, Honig, Soße und Tinte fremdes Eigentum beschädigen und zerstören, dann stellt sich schon die Frage: Was hat das Abitur heute noch mit Reife zu tun? Und wenn man genau diesen Leuten zuhört, stellt man sehr schnell fest, dass ihnen bei weitem kein Volksschulwissen, geschweige denn die Voraussetzungen für die Erlangung eines Reifezeugnisses oder gar zum Beginn eines Studiums vermittelt worden sind. Nur, wer ist daran schuld? Kann der Affe dafür, wenn ihm keiner zeigt, wie man eine Kokosnuss knackt? Dieses ganze dumme Geschwafel von Schulreformen ist nicht mehr als der Versuch, von eigenen Versäumnissen abzulenken. Nein, nein, nein, ich plädiere nicht für die Wiedereinführung der körperlichen Züchtigung an Schulen. Aber es muss deutlich gesagt werden, dass der Rohrstock das kleinere Übel war, wenn es darum geht, junge Menschen zu verantwortungsvollen und geistig genug gebildeten Mitgliedern der Gesellschaft zu machen. Die Anforderungen und Aufgaben sind gegenüber früher sogar erheblich gestiegen, aber was heute an Wissen vermittelt wird, kann mit einem durchschnittlichen Volksschüler der fünfziger Jahre des vorigen Jahrhunderts bei weitem nicht mithalten. Setzen Sie sich mit Oma mal vor das Fernsehgerät und schauen Sie mit ihr „Wer wird Millionär…?" oder „Rette die Million", und Sie werden erstaunt feststellen, dass Oma den dortigen Studenten und sonstigen Kandidaten in Sachen

Allgemeinwissen haushoch überlegen ist. Gibt das keinem zu denken? War vielleicht früher das Schulsystem besser als heute? Das ist nicht nur die Lebenserfahrung von Oma. Sie hat auch ein besseres Langzeitgedächtnis. Und sie hat in der Schule mehr gelernt. So ist das! Da konnte man nicht mit Sport und Religion Abitur machen, dazu brauchte man Deutsch und Mathematik. Und wer das nicht konnte, der hatte nicht die Möglichkeit, einzig und allein auf Biologie auszuweichen, - der blieb auf der Strecke, der fiel durch. Ja, was ist das denn? Was war das denn früher für eine grausame Zeit? Wer nichts konnte, fiel durch? Ja, aber ich will doch studieren! Dann musst du lernen, Junge! Das mussten wir auch, sonst wär in der Sexta schon Schluss gewesen. Mathe, Deutsch, Englisch, Französisch, Latein, - nein, danke, und wenn ich doch dann lieber Lehrer werde? Lehrer halt ohne Latein halt aber halt mit Sport… „So machen das halt mindestens 110%

aus unserer Klasse! Stell dir das mal vor. 110% aus einer einzigen Klasse. Das ist verdammt viel! Ja, da hat der Junge recht. Ich hab zwar jetzt keinen Taschenrechner zur Hand, aber das hört sich in der Tat nach viel an. Wenn ich mich richtig erinnere, waren in meiner Klasse einschließlich der Mädchen nur höchstens 95%. Was hieß noch mal Prozent, ich glaub, das hat uns auch schon mal einer erklärt. Promille, das weiß ich. Das sind doch diese Flüssigkeiten in den Flaschen, die wir immer trinken. Das sind Promille. Aber Prozent? Ist ja auch egal, ich mach ja Abi mit Sport und Bio.
Oma, hörst du noch zu, oder bist du in Ohnmacht gefallen? Tja, dein Enkel ist keine Leuchte. Aber keine Sorge, Oma, aus dem kann mal was werden! Lass den erst mal studieren. Und wenn er sein Lehrerexamen hat, dann kann er ja immer noch auf der Volkshochschule einen Deutschkurs besuchen und sich so ein paar Grundkenntnisse aneignen. Wozu gibt es denn sonst den zweiten Bildungsweg? Und umschulen geht

in der heutigen Zeit auch immer, das bezahlt sogar der Staat. Nur kein Stress, Oma, der Junge macht das schon…

Was hast du gesagt, Oma? Warum er Glatze hat? Nee, Oma, das weiß ich jetzt auch nicht. Nein, dass das was mit Haarausfall zu tun hat, glaub ich eigentlich nicht. Ich glaub, das macht der ganz freiwillig. Die Tätowierung und der Ring im Ohr? Ja, alles freiwillig, Oma. Dem Jungen gefällt das so. Er sich selbst, - er gefällt sich selbst so, Oma. Warum? Das weiß ich auch nicht! Warum hat er einen Freund und keine Freundin, Oma, ich weiß das alles nicht. Vielleicht ist da in der Evolution irgendetwas durcheinander geraten…

Aber solange er keinen Drang verspürt, im Urwald auf den Bäumen zu leben oder ins Meer zurück zu kriechen, ist das sicher noch eine untere Stufe der Rückbildung. Noch haben sie keine Schwimmhäute an Händen und Füßen zwischen Fingern und Zehen und krabbeln nicht auf allen Vieren zurück ins

Meer. Wenn überhaupt, Oma! Wenn überhaupt! Verkennen wir die Jugend nicht! Vielleicht sind sie es, die eines Tages sagen: Nee, so geht das nicht weiter! Und dann werden die ganzen Reformer eingesperrt, es kommt wieder ein vernünftiges Schulwesen, sie lernen wieder, wer Goethe und Schiller war, sprechen die Sprache ihrer Vorfahren und retten ganz nebenbei die Welt. Ehrlich gesagt, ich traue das der Jugend und den kommenden Generationen zu!

Dass die Evolution zumindest vorübergehend den Rückwärtsgang eingelegt hat, sieht man schon daran, dass Errungenschaften und Altbewährtes von Dilettanten plötzlich und völlig ohne jede geistige Kompetenz auf den Prüfstand und infrage gestellt werden. Das ergäbe Stoff genug für mehrere Lustspiele, welche Vorschläge sich ahnungslose Zeitgenossen ausdenken und zu allem Übel auch noch aussprechen. Sie halten zwar den Pythagoras für einen von Galatasaray Istanbul an

Schalke 04 ausgeliehenen Mittelfeldspieler, trauen sich aber durchaus zu, dessen Thesen und Lehrsätze zu überarbeiten oder für wirkungslos zu erklären und prüfen zunächst einmal, ob der pythagoräische Lehrsatz etwas mit der Vogelgrippe zu tun hat.
„Dilettant" muss man nicht buchstabieren können, - man ist es!!! Das ist wie mit dem Saxophon, man muss es nicht schreiben können, - es wird geblasen.
Wer in den letzten Jahren die Reformvorschläge in den Medien verfolg hat, der kann nur zwischen Lachkrampf oder Weinkrampf wählen. Denn Krampf waren sie fast alle und dienten einer unstillbaren Profilierungsneurose von Leuten, die sich am besten dadurch profilieren könnten, indem sie den Mund halten. Schlimm ist, wenn die Gesellschaft anfängt, diesen Schwachsinn ernst zu nehmen und über die Vorschläge nachzudenken. Schwule sollen mit Ehepaaren gleichgestellt werden. Wie soll das gehen? Wer befruchtet den Detlef, und trägt er das Kind

auch aus? Wird er es säugen
können? Welchen Schaden muss ein
Hirn genommen haben, sich so
etwas auszudenken? Wenn es ihnen
Spaß macht, sollen die Schwulen
schwul sein und die Lesben lesbisch.
Oder sagen wir: Ihren Neigungen
folgen. Aber deswegen müssen wir
doch nicht alle verrückt werden. Das
ist doch kein Grund, an den
moralischen, sittlichen und
natürlichen Werten von Partnerschaft
und Ehe zu rütteln!

Frühlingserwachen

Der Frühling pfeift aus alle Löcher,
die Spatzen treibens aufe Dächer.
Die Nachbarin ist ganz allein. –
Schau doch mal auf'n Kaffee rein.

Happy birdsday to you

„This bird birdet the other bird,"
sein Englisch wirkte sehr verstört.

Manche Frauen brauchen das

Ein Mann braucht keine
Männer-Night,
damit er sich vom Frust befreit.
Es gibt anscheinend ein Hormon
gestörter Emanzipation.

Gefährliche Politiker

Unterstütz Verrückte nie
auf ihrer Karriereleiter,
man macht auch in der Psychiatrie
Patienten nicht zum Klinikleiter.

Das versteh ich nicht

„Hier kannst du kostenlos Apps
downloaden!" –
Sag mir lieber, warum sie den
Urwald roden.

Für blau-weiße Insider

Ich sag, wenn ich zum Tönnies geh,
ich muss mal wieder zum CT.

Geschützter Floraverkehr

„Bei dir hängt ein Kondom in den
Rosenblüten."
„Ach, ich wusste gar nicht, dass
Blumen auch verhüten."

So nette Leute

Ich könnte ja auch mal ein Gedicht
über meine Nachbarn schreiben,
aber ich mache es lieber nicht,
ich will ja noch hier wohnen bleiben.

Fastenzeit

Schwein oder nicht Schwein,
das ist hier die Frage, -
je nach Fastenlage.

Auseinandergelebt

Sie haben sich auseinandergelebt,
die Gabi und der Alexander,
sie hat gelebt,
und er ging auseinander.

Zugegeben, das ist albern

Der will es.
Die will es.
Das will es.
Er will es.
Sie will es.
Bruce Willis.

Karriere vermasselt

Er hatte Streit mit seinem Boss
und arbeitete sich steil nach oben
bis ins Erdgeschoss.

Schmutzige Anmache

Er wagte einen frechen Spruch,
jetzt hat er einen Trümmerbruch.
Hätte er sie auch berührt,
hätte sie ihn liquidiert.

Der schreckliche Atomboy

Wer Bilder von Hiroshima
und von Nagasaki sah

und trotzdem Waffen nicht verbannt,
dem mangelt es sehr an Verstand.
Der Mensch wird es sich nie verzeihen,
wenn wir die Welt nicht vom Atom befreien.

Kulturelles Interesse

Ich hab das Lesen für mich entdeckt
und das Telefonbuch von München gecheckt,
ich will ja nicht übertreiben,
aber dass Lesen bildet,
kann ich sofort unterschreiben.

Wenn Männer älter werden

Reicht es nicht mehr für die Brunft,
dann steigert das oft die Vernunft.

Ausflug an die Ruhr

Wir wollten so gerne nach Essen,
doch in Ennepe ist ein Kreisverkehr,
da hat man die Ausfahrt vergessen.

Nähe der Sekretärin spüren

„Willst du Körper an Körper spürn?"
„Ja."
„Frischen Atem berührn?"
„Oh ja!"
„Hin und her, rein und raus?"
„Jaaaa!!!"
„Dann fahr mal mit dem Bus nach Haus!"

Mal Gene gut, mal Gene schlecht

Wie geht es?
Feiern gehn, gutes Gen.
Rathaus gehn, schlechtes Gen.
Schlafen gehn, gutes Gen.
Arbeit gehn, schlechtes Gen.
Mal Gene gut, mal Gene schlecht.

Passt schon!

Der Wasserhahn tropft,
das Klo ist verstopft,
die Fenster schließen nicht,
im Keller brennt kein Licht,
1000 Euro in 14 Tagen,
da kann man wirklich nix sagen.

Fristlose Kündigung

Er schrieb einen Einkaufszettel
mit einem Firmenkugelschreiber,
das ist doch nicht zu fassen!!!
Sie haben ihn auch entlassen. –
Der, den sie mit Boni belohnen,
veruntreute nur ein paar Millionen.

Innovatives Denken

Ich gründe eine Initiative
für Demut, Eintracht und Schweigen,
damit gehe ich in die Offensive
und werde es allen schon zeigen!
Dann werde ich christliche Partei
und hau alles und jeden entzwei.

Radfahrerinvasion

Radfahren ist ein Freizeitsport,
gesund und wunderbar,
doch dass Sie immer Vorfahrt haben,
meine Herrn, das ist nicht wahr!!!

Ein toller Stürmer

„Herr Präsident, der Junge hat'n
Sonntagsschuss,
den sollten wir verpflichten,
bei uns kann keiner so gut zielen."
„Ja, Trainer, obwohl ich sagen muss,
das hilft uns ja mitnichten,
weil wir immer samstags spielen."

Banales Gespräch

„Das war rüde!
Jetzt bin ich müde."
„Erst bist du spitz,
dann bist du müde."
„Ach ja, unser Spitz
war auch ein Rüde."

Der Witwer

Seitdem er seine Frau verlor,
lebt er zurückgezogen,
umhüllt von Liebe und Humor,
er hat sie nie betrogen.

Saubere Gesellschaft

Ob man da doch Respekt vor
schuldet,
dass da am wenigsten passiert,
wo man nicht das Gesindel duldet,
wie die Statistik registriert?

Ein Depp kommt selten allein

Ich heiße Johnny, bin ein Depp,
wenn ich mich scheiden lasse,
hab ich die Nächste schon im
Schlepp.

Erkenntnis

Wer für eine Jüngere
die Frau hat sitzen lassen,
der hat die Liebe nicht gefunden,
er hat sie verlassen.

Rückwärts an der Türklinke

Man sollte sich als alter Mann
in eine Weste zwängen,

dann bleibt man nämlich nicht so oft
am Hosenträger hängen.

Eine lustige Hausfrau

Sie ging durchs Leben mit Humor,
sah sie den dicken Herrn Pastor,
dann fing sie an zu lachen:
„Ach, ja, Klopse könnt ich auch mal
wieder machen."

Der Faulpelz

Er hat sich nie nach was gebückt,
sich vor der Arbeit stets gedrückt
zu jeder Tageszeit.
Der arme Junge hat gedacht,
wenn man sich die Hände schmutzig
macht,
das wäre Schwarzarbeit.

Gelegentliche Ehrlichkeit

Der Pastor sagt im Gottesdienst:
„Wenn ich mal ganz ehrlich bin"
und „ich bin jetzt mal ganz ehrlich,"

ist das für einen Kirchenmann
nicht zu mutig und gefährlich?
Er könnte es doch wagen
und öfter die Wahrheit sagen.
Einmal ehrlich und oft lügen,
kann das denn genügen???

Auf der Bühne

Danke, lieber Gott,
für dieses wunderbare Stück,
ich spiele darin die Hauptperson
und spreche Prologe vom Glück.
Meine Partnerin ist auch ganz toll,
manchmal ist auch die Bühne voll,
von Menschen, die glücklich sein wollen,
und alle spielen ihre Rollen,
so wie es im Drehbuch steht.
Und bevor der Vorhang fällt,
gib uns Zeit für ein Dankgebet.

Das ist einfach so

Wohl dem, der die Erkenntnis gewinnt:
Manche Dinge sind so, wie sie sind,

auch die schönste Frau auf Erden
wird niemals Papa werden,
und du bist nicht ich.
Aber halte dich an mir fest, -
ich liebe dich!

Das sagt man so!

Wie oft sagte sie schon
„Oh mein Gatt!!!!"
Ob sie weiß,
wen sie da jedes Mal gerufen hat?

Zeit der Liebe

Die Liebe tut am Morgen gut,
da ist der Mann schön ausgeruht,
am Abend ist es schlecht,
weil er schlafen möcht.

Bestell den Regen ab

Wenn es wie aus Eimern schüttet
und der liebe Gott mal wütet,
musst du lieb und artig sein,

dann kommt auch wieder
Sonnenschein.
Blitzt und donnert es im Land,
hast du den Bogen überspannt,
also sei nicht ungezogen,
dann kommt vielleicht ein
Regenbogen.
Wirst du aber niemals schlauer,
verlass dich auf den nächsten
Schauer.
Wobei die Blumen in dem Garten
ja sowieso auf Regen warten.
So gesehen ist das Klima
hier bei uns doch wirklich prima,
wenn ich deinen Schirm noch hab,
dann bestell den Regen ab.

für eine subjektive Meinung

Ob das Produkt für dich das beste
ist,
frag nicht den Starverkäufer,
dass du dem Alkohol entsagen sollst,
rät dir ja auch nicht der Säufer.

Besserwisser

Jeder tut doch seine Pflicht,
erklär dem Hund das Bellen nicht.

Onkel und Tanten

Von einer Runde Diskutanten
berichtete der WGA,
doch da waren auch Diskuonkel bei,
wie man ganz deutlich sah.

Checkliste

Gewaschener Po, gewaschener Bauch,
Hemd ist sauber, Schlüpfer auch,
wenn man zum Doktor geht
oder auch zum ersten Date.

Abkühlung

„Ach, was ist das wieder schewüül!!!"
„Geh in die Wupper, die ist kühl."

Entschuldige, Mutti

Er krümmte mir im Wald kein
Härchen,
das war doch nur ein Märchen,
er krümmte mir so manches Haar,
bis ich restlos glücklich war.

Mal süß, mal sauer

Es muss auch mal kräftig gießen
nach dem vielen Sonnenschein,
bist du süß, dann lass dich küssen,
bist du sauer, lass es sein.

Auf dem Friedhof

Ich treffe täglich meinen Schatz
immer an dem gleichen Platz,
da steht gemeißelt in den Stein:
Hier ruht in Gott mein Sonnenschein.

Pflicht oder Kür

Oft entscheidet sich das Küssen
je nach dürfen oder müssen.

Endlich Sommer

Von Menschen, die von früh bis spät
in ihren Gärten lärmen,
wird kein Nachbar schwärmen.

Schwere Entscheidung

Es gibt im Leben manchmal Sachen,
die machen immer ein Problem,
man könnte ja in die Hose machen,
doch das ist auch nicht angenehm.

Die Wettervorhersage

Er kündigte Blitz und Donner an,
und es blieb doch sonnig und heiter,
er hatte einen Nebenjob
als Hersteller für Blitzableiter.

Sie nimmt es sich selbst

Sie war vor mir am Gemüsestand,
gekleidet war sie elegant,
aber wie sie sprach,
das war nicht ganz danach.

„Ich nehme einen Kopf Salat,
ich nehme etwas von dem Spinat,
ich nehme drei Apfelsinen."
Ich sagte zu der Verkäuferin:
Wenn sich die Dame alles nimmt,
dann können Sie mich ja bedienen."
Da geriet ihre Bildung restlos in Not
und sie sagte: „Sie Idiot!"

Englischkenntnisse

Was reden Briten für einen Quatsch?
„Thank you für den ganzen Matsch!"
Ob die zu viel Sherry tranken,
dass sie sich für Matsch bedanken?

Verlassene Eltern

Wenn vergessene Eltern sterben,
dürfte man sie auch nicht beerben,
das verdient dann eher ein Pfleger
oder ein Stiftungsträger.
Solche Kinder sollten sich schämen,
es trotzdem anzunehmen.
Man sollte mit vollen Händen
an liebende Menschen spenden;.
denn Kinder, die Eltern verlassen,

sind die, die die Erbschaft
fröhlich verprassen.

Persönlichkeit

Ein bisschen verbittert,
ein bisschen zerknittert,
das darf ich im Alter schon sein.
Aber glaubt mir,
ihr kriegt mich nicht klein.

Der Jagdunfall

Der gute alte Gottfried Laff
war stadtbekannt hier in dem Kaff.
Jäger Johannes war besoffen,
hat anstatt Wildschwein Laff
getroffen.
Der alte Gottfried lebt nicht mehr.
Sie sagen: „Laff ist in the Air."

Sommerreifen

Er rutschte ihr ins Cabrio,
da fing sie an zu keifen:
„Der Fahrer hat schon kein Profil,
wieso denn dann die Reifen!?"

Ehrenwerte Diebe

Bei anständigen Leuten ist das so Brauch,
was die klauen, das brauchen die auch.
Man soll ja mit Unehrlichkeit auch nicht prahlen,
aber was man klaut,
braucht man nicht zu bezahlen.
Insofern hat das schon seinen Nutzen, -
auch wenn Sie jetzt stutzen. –
Mancher wird auch geschnappt.
Der hat Pech gehabt.

Betriebsanleitung

Herr Diener liest sie Satz für Satz,
er ist eine Mimose,
andere stecken einfach nur
den Stecker in die Dose.

Der ehrliche Freund

Ich bin ein ehrlicher Freund,
der es einfach nur gut mit dir meint,

der dich streichelt und küsst,
wenn du einsam bist,
mit dir weint, mit dir lacht,
der dich glücklich macht.
Der einzige Fehler an mir:
Ich erwarte das Gleiche von dir.

Zivilisierte Welt

Zivilisierte Welt, ich verlasse dich,
ich flieg zum Mars und schäme mich!
Ich schäme mich für eine Zeit
schreiender Unmenschlichkeit.

Was heute in der Zeitung steht

Einbrecher steigt in Grundschule ein,
sowas setzt man doch nicht in die
Zeitung rein!!!
Wenn sie wissen, dass die kommen,
hätte ich sie doch da festgenommen.
Ich werde mal die Polizei
informieren,
dass sie an der Schule mal
kontrollieren,
und wenn dann die Einbrecher
kommen,
zack, und festgenommen!

Spuren der Zeit

Flotte Biene,
diese Blondine,
doch sie platzt vor Eitelkeit.
Aber mit der Zeit
wird die Traube zur Rosine,
davor ist sie nicht gefeit,
und gut stünde der Blondine
etwas mehr Bescheidenheit.

Wie ist das möglich?

Beim Hausarzt in dem Wartezimmer
sitze ich und staune immer,
drei kommen raus, keiner geht rein,
das kann doch nicht in Ordnung sein.

Bigamist

„Was ist denn ein Bigamist?"
„Das sagt der Name doch schon:
Mist!"

Türklinkengebet

Der Mann, der vor der Türe steht,
spricht ein Türklinkengebet:
„Herr, lass mich menschlich sein!"
Erst dann tritt er herein.

Das ist wirklich nicht zu fassen

Das ist doch einfach nicht zu fassen,
Glyphosat bleibt zugelassen.
Die EU-Kommission hat vorgeschlagen,
die Entscheidung zu vertagen.
Das heißt im Klartext ungefähr:
Sie hätten gerne ein paar Krebsfälle mehr.
Bestechung durch die Industrie?
Nein, so etwas tut die nie!!!
Außerdem, was das betrifft,
ist doch nur ein bisschen Gift!

Pseudo-Imker

Du mit deiner verfluchten Sucht
nach Bienen ohne Bienenzucht!

Alte Schlachten

Armeniermord,
da haben wir doch schön in der
Geschichte gebohrt,
wie war das denn mit drei-drei-drei,
da war doch die Issus-Keilerei.
Sollen wir nicht den Bundestag
einberufen,
um das auch als Völkermord
einzustufen?
Die Türken wird das nicht stören,
aber irgendeiner wird sich schon
darüber empören,
und wir Deutschen mit der weißen
Weste,
wollen ja wirklich nur das Beste.
Na gut, Hitler ist ein schlechter
Vergleich,
aber der kam ja auch aus Österreich.
Das sollen die mal übernehmen,
sich dafür zu schämen.

doch nicht geklont

Die Oberberger haben Menschen
geklont
und wurden nicht mit Kritik
verschont,
nun haben sie ihrerseits gehöhnt;
sie hätten nicht geklont, sie haben
nur geklönt.
Da kann man mal wieder sehn,
wie zwei Pünktchen die Dinge
verdrehn.

Die ungleichen Brüder

Es war einmal ein Vater, der hatte
zwei Söhne, der eine war missraten,
dumm, hässlich, faul und
streitsüchtig, -
und der andere war ich! –
Wobei ungesagt blieb,
welcher der Brüder das schrieb.

Untreue Vorbilder

Ich erzählte meinem Kind von Treue,
wie wichtig die im Leben ist,

und von der hässlichen Untreue,
wenn man sein Versprechen vergisst
und dass seine schlechten Seiten
jeder selbst nicht stets erkennt.
Da stellte das Kind mir die Frage:
„Auch nicht der Bundespräsident?"

Mikrofontäter und Schreibtäter

Niveau und Anspruch
 werden immer kleiner, -
aber es merkt ja keiner!
Eine hohle Nuss
zeigt keinem,
wie man's machen muss.

Bergische Gesichter

So wie Warn- und Willkommens-
lichter
prägt das Leben die Gesichter.
An den echten Bergischen Schnuten
erkennt man die Schlechten und
Guten.

Regenlied

Ich kann auch bei Regen singen,
dem lieben Gott ein Ständchen
bringen,
ich brauche nicht den Sonnenschein,
um dankbar für die Welt zu sein.
Doch, dass wir die Welt zerstören,
Dinge, die uns nicht gehören,
einfach so zunichtemachen,
da vergeht auch mir das Lachen.

Auf Nimmerwiedersehn

Bitte, verzeih,
wenn ich Leuten wie dir was leih,
betrachte ich es als geschenkt,
weil ein Mensch wie du
sowieso nicht an die Rückgabe
denkt.

Für wen?

Stets adrett und schön zu sein,
bringt das was für mich allein
und dass ich mich striegel
für den Kerl im Spiegel?

Was hat das für einen Sinn,
dass ich stolz und eitel bin?
Ich glaube, das geht mit der Zeit
zu Lasten der Bequemlichkeit.

Der Bundespräsident hört auf

Das ist aber schad(t),
er ja einiges verlassen,
vielleicht verlässt er jetzt den
Staat….

Gib, auch wenn du es nicht hast

Glück zu geben, ohne es zu haben,
zählt zu des Menschen beste Gaben.
Nehmen macht Gier, geben macht satt,
Glück kann man geben,
obwohl man es nicht hat.

Eine Hand wäscht die andere

Ein hanseatischer Journalist
weiß, wo man gut und billig isst,
darum macht er öfter mal

Werbung für das Fischlokal.
Kann ihm nicht einmal bei dem
Schreiben
eine Gräte im Halse stecken
bleiben?
Ich dachte ja, dass so ein Mann
sein Essen selbst bezahlen kann.
Ein kleiner Beitrag hilft ja schon
für eine Mahlzeit Korruption
vielleicht mit Freundin oder Frau
Artikel gegen Kabeljau.
Ich Dichter denke jedes Mal:
Hätt ich doch auch ein Fischlokal!
Er hätte für ein gutes Essen
bestimmt mein Buch auch nicht
vergessen
und seinen Lesern vorgestellt,
der hanseatische Mann von Welt.

Entartet

Hast du ein Teil total verhunzt,
nutz deine Chance, und nenn es
Kunst.

Missverstandene Toleranz

Man muss nicht den Verstand
verlieren,
um andere zu tolerieren.

Gewichtseinheiten

Ein halbes Kilo, das ist rund
grob geschätzt ein ganzes Pfund.
Schert man es über den Kamm,
sind es fast fünfhundert Gramm.
Ist Rechnen auch kein Kinderspiel,
ein halbes Kilo, das ist viel.
Fällt dir sowas auf den Kopf,
dann bist du ein armer Tropf.

Alles Müller oder was

Viele kümmern sich um den Müll im
Land,
die werden alle Müller genannt.
Herr Müller von der Müllabfuhr
fand erst den Ring und dann die Uhr
und auch noch einen Haufen Geld,
der ihm im Müll entgegenfällt.
Zur Arbeit geht er nun nicht mehr,
er ist jetzt Müllionär.

Leistenprobleme

Für Sportler ist ein Leistenproblem
ganz bestimmt nicht angenehm.
Und ein Problem ist es auch für die meisten:
Sie können sich vieles gar nicht leisten.

Himmelstürmer

Willst du den Himmel erstürmen,
darfst du nicht schon vor dem ersten
Windzug türmen.

Die ticken einfach anders

Dass sie nicht richtig ticken,
ist sicher überheblich,
doch mit manchen auszukommen,
ist einfach ganz unmöglich.

Wortstamm

Afterwork und Afterjucken
muss man nicht als Serie drucken.

Schalom

Schalom,
das ist nicht nur ein Wort,
das ist ein Zufluchtsort,
das ist ganz tief in mir der Frieden.
Schalom sei euch beschieden!

Berufswahl

Papa, Busfahrer werde ich nicht,
ich mag es nämlich nicht,
wenn man hinter meinem Rücken
spricht.

Ehrlicher Finder

Vor dem Haus im tiefen Schnee
fand ich ein schwarzes
Portemonnaie,
hab's zum Fundbüro gebracht,
und der Mann dort hat gelacht,
als er sah,
dass es mein eigenes war.
Dann erntete ich auch noch Hohn
für meine Frage nach Finderlohn.

Pferde, Pferde, Pferde

„Schöne Frau sucht einen Mann,
mit dem man Pferde stehlen kann."
Ich dachte doch, das sind nur
Sprüche,
jetzt hab ich Pferde in der Küche,
im Stall und Garten sowieso,
im Wohnzimmer und auf dem Klo,
es ist schon eine ganze Herde,
Pferde, Pferde, Pferde, Pferde,
selbst in dem Aquarium
schwimmen jetzt Seepferdchen rum,
ich kann sie alle nicht mehr zählen.
Sei nie bereit zum Pferde stehlen!!!
Ich las jedoch ein Inserat,
das hab ich mir mal aufbewahrt:
„Schöne Polin sucht'n Mann,
mit dem man Autos stehlen kann."
 Vielleicht ist das nicht so viel Stress
und dafür etwas mehr PS.
Auch ist die Logik nicht verkehrt,
man kommt so schlecht hinauf aufs
Pferd,
ins Auto schafft es jeder Mann. –
Ich schau mir mal die Polin an.

Erfülltes Frauenleben

Bei der Hausarbeit zu stöhnen
und den Ehemann verwöhnen,
was kann es denn Schöneres geben
für ein erfülltes Frauenleben!?
Win-win ist, wenn du glücklich bist
und die Frau mit dir verheiratet ist.

Wenn man liebt

Das Leben ist manchmal schön wie
ein Traum,
in dem was Verrücktes geschieht,
da steigt ein besoffener Frosch auf
den Baum
und singt mit den Vögeln ein Lied.

Glückliche Menschen

Glücklich sind Menschen,
die zu Leben verstehn
und nicht die kürzesten,
sondern die schönsten Wege gehn.

Begegnung des Lebens

Du begegnest einem Menschen,
der dir gut gefällt,
und du schaust wie durch ein
Fenster
in eine neue Welt.

Was passiert da im Kopf?

Ein Mensch, fast wie ich und du,
ich höre ihm im Fernsehen zu,
und mich interessiert,
was da auf einmal in seinem Kopf
passiert.
Ein scheinbar ganz normaler Mann,
auf einmal fängt er zu duzen an,
„da musst du dann stehn!"
Da ist aber überhaupt kein Du zu
sehn.
„Da musst du reagieren!"
Ich schalte das Fernsehen aus und
hoffe, das lässt sich therapieren.
Jetzt sitzt er im Hauptbahnhof
und hört nicht auf zu schrein:
„Da musst du als Zug pünktlich sein!
„Da kommst du an Psychopharmaka
nicht vorbei! –

Als ICE, da hast du Einfahrt auf Gleis drei!
Da darfst du als Spinne doch nicht so spinnen!
Da musst du als Reiter der Hella von Sinnen!
Da kannst du dich doch als Laterne nicht so verbiegen!
Als Maikäfer musst du da doch fliegen!
Da darfst du doch nicht die Geduld verlieren!
Da musst du die Zwangsjacke doch auch anprobieren!
Da trägst du doch die Braut über die Schwelle!
Da stehst du als Komma doch an der falschen Stelle!
Da kommst du als Torwart doch in Stress!"
Und dann stieg er in den Transsibirien-Express.

Langeweile

„Du willst gerne Tatort gucken?" – „Dann lass uns lieber Kirschkernspucken!"

In der Deutschstunde gefehlt

Es ist traurig, doch kein Scherz,
der Journalist schreibt:
„Der Sieger mit dem Herz".
Ob man in dem Beruf vergisst,
was Nominativ und Dativ ist?
„Lieber Journalist,
wissen Sie nicht, was ein Dativ ist?"
Die Antwort ist er nicht schuldig
geblieben:
„Ich hab doch gar nichts vom Tief
geschrieben!"

Weltoffener Priester

Ich segne bei Schwulen den
Ehebund, -
und trau dich auch mit deinem
Schäferhund.

Physik

Sein Kopf ist der Beweis im Leben,
dass Hohlkörper gerne oben
schweben.

Genmanipulation, Fracking & Co

Sie haben die Hände frei und können
sie über dem Kopf
zusammenschlagen,
weil sie ihr Stroh in den Köpfen
tragen.

Der Diktator

Das solltet ihr ihm doch nicht sagen,
sich das aus dem Kopf zu schlagen.
Das war nicht klug,
der war schon vorher leer genug.

.
Schweineverstand

Das Schwein kennt sich mit
Menschen aus,
das war mir sofort klar,
es streckte seine Zunge raus,
als es den Metzger kommen sah.

Liebkosungen

Das Wildschwein sprach zu seiner Frau:
Was bist du doch ne tolle Sau,
sie sagte: Lieber Keiler,
und du wirst immer geiler.
Da sieht man gleich, die Zwei
verbindet manche Schweinerei.

Verhalten

Früher lehrten uns die Alten
Schwalben und auch Schiffchen falten,
heute sagt so ein Mandrill:
Bitte, v'halten Sie sich still.
Schön sind die Naturgewalten,
wo Echos leis im Berg verhallten.
War das Verhalten schlecht zensiert,
hat man sich früher sehr geniert.
Anstatt sich mit Computerspielen aufzuhalten,
sollte man mal wieder Schwalben falten.
Und sagen Sie mal dem Mandrill:
„Verhalten Sie sich selber still!"

Heimatverbunden

Wir passen so gut zusammen,
weil wir aus dem Ruhrgebiet
stammen.

Kaum zu glauben

Mädchen, das ist keine Zote,
du warst einmal ne Zygote.

An die Theoretiker

Behauptet doch nichts,
wenn ihr wisst,
dass das reiner Ismus ist.

Bewerbung um das hohe Amt

Ich war Pastor und habe meine Frau verlassen,
das müsste eigentlich doch passen,
und, wie das neuerdings so Brauch,
ne First-Geliebte hab ich auch.
Das ist „hohe moralische Integrität!"

wie es beim Justizminister Maas
geschrieben steht,
und Herr Seehofer griff auch
daneben:
„Er hat den Menschen Orientierung
gegeben!"
Ein Özdemir hat entdeckt:
Sowas verdiene „Großen Dank und
Respekt",
und Hannelore Kraft erkannte
ebenfalls
„Stärkung gesellschaftlichen
Zusammenhalts!"
Hohe Moral, Orientierung,
Zusammenhalt und Respekt,
na, das wird ein Fest
für einen wie mich, der Frau und
Kinder verlässt. -
Wenn Sie mir noch eine Frage
schenken:
Und wo lassen Sie so denken???
Klärt das mal mit der Partei,
an mir geht doch kein Weg vorbei!
Das alles tat ich für dieses Land.
Dafür hat man mich nun zum
Ehrendoktor ernannt. - - -
So sehen jetzt die Vorbilder aus.
Ist das hier noch mein Zuhaus???

Schlechter Urlaub auf Englisch

Auf 4T Ventura hatte sie die 2B
Sonnencreme vergessen und ich
hatte eine 1C im Bett.

Majestätsbeleidung abgeschafft

Man muss die Täter verteidigen,
die fremde Staatsmänner beleidigen,
deshalb beschlossen die
Menschenaffen,
den Paragraphen abzuschaffen.
Und als Grund
tat man im Tierpark kund:
Benehmen, Anstand und Höflichkeit
passen nicht mehr in die heutige
Zeit.

18, 20, Zwo, Null, Vier…

„Warum liebst du mich denn so,
was unterscheidet mich von vielen?"
„Schatz, man kann auf deinem Po
einen gepflegten 3-Männer-Skat
spielen."

Ackerdemiker

Nicht jeder mit'm Stückchen Land
wird Ackerdemiker genannt.

Das Kind weiß schon, was es will

Er flötet schon mit sehr viel Eifer.
„Wenn ich mal groß bin, werd ich Pfeifer,
dann pfeif ich nur für S04,
so kommt der Titel ins Revier."
Er kann die Pfeifen nicht begreifen,
die gegen seine Schalker pfeifen.
Das wissen alle im Verein:
Er wird der beste Pfeifer sein.

So war das nicht gemeint

Er hatte seiner Frau versprochen:
Ich lerne auch mal Eier kochen.
Jetzt sitzt er auf dem Wannenrand
und hat sich fürchterlich verbrannt.
Was lerne ich aus dem Gedicht?
Kochen passt zu Männern nicht.

Britische Sirenen

Wenn englische Frauen schnell
sprechen,
das klingt nicht gesund,
so, als müssten sie brechen
und hätten ne heiße Kartoffel im
Mund.
Egal, wie lange eine Engländerin
spricht,
Luft holen müssen die anscheinend
nicht.

„Weniger wie 100%"

Was schätzen Sie,
wieviel Deutsche
sagen „besser wie"?
Bei uns im Fernsehen jedenfalls
sagte einer „besser als",
und weil der so anders schwätzt,
haben sie ihn ins Archiv versetzt.

Was den Menschen kleidet

Wer eine weiße Weste hat,
braucht keine weiße Bluse.

Moderne Kunst

Wenn ein Blödmann kommt
und kauft den Mist,
dann weiß der Maler,
dass es ein Kunstwerk ist.

In der Kunstausstellung

„Ich kann die Werke von früher gut
leiden,
da kann man oben und unten
unterscheiden. –
Heute, das ist doch was für'n A…"
„Heißt ja auch Vernissage!"

Ambivalente Gäste

Viele Urlaubsgäste sind ambivalent,
sie benehmen sich nur da,
wo man sie kennt.

Altbewährt und gut

„Warum sollte ich mich nicht trauen?"
„Weil wir dich dann verhauen!"

Das haben schon Kinder verstanden
und wäre auch nützlich bei Banden.
Antiautoritär
ist bei Verbrechern oft schwer.
Die Hyänen fressen kein Gras
und ändern sich nicht so zum Spaß.

Große Dinge

Die wirklich großen Dinge
fangen alle mal klein an,
wie man im Kreißsaal sehen kann.

Wenn Spinnen Spinnen machen

Hast du drinnen
große Spinnen,
hast du binnen
kurzer Zeit auch kleine Spinnen.

Schade

„Du bist mein Ancient von Tharau,
mein Reichtum, mein Gut."
„Du Blödmann, verdufte
und nimm deinen Hut!"

Das Gedicht

Du musst dich nicht beim Dichten
quälen,
wenn dir dazu die Worte fehlen,
tu zu Hause deine Pflicht,
deine Frau ist ein Gedicht.

Selbstjustiz

Ist das nicht ein netter Schuft,
sprengt sich selber in die Luft,
wir brauchen keinen, der ihn fasst
und sparen uns auch noch den
Knast.
Er sollte es nur lernen,
sich vorher zu entfernen.

Wenn ein Star niesen muss

Beyoncé musste niesen,
und hatte nie einen Erfolg wie
diesen,
die Fans flippten aus
in New York vor vollem Haus
und eine Nachricht sollte durch die
Weltpresse gehen:

„Ich habe noch nie etwas
Bezaubernderes gesehen."
Was die Diva wohl in den USA
entfacht,
wenn sie noch andere Geräusche
macht?

Ähnlichkeit

Rumäne und Muräne,
wie man sieht,
gar kein großer Unterschied.

Anmache

Wenn Mädchen so viel offerieren,
dass sie die Männer animieren,
wäre ihnen vorzuschlagen:
Du solltest eine Brünne tragen.

Vom Anfang bis zum Ende

Mein Alpha und mein Omega
liegt in Gottes Hand,
zu Denken und zu Lieben
gab er mir Herz und Verstand.

Auf dem bayerischen Volksfest

Ich war so schön am Lust am
wandeln,
da brüllte einer: „Heiße Mandeln!"
Ich sagte zu dem Preißen:
„Wer fragt denn, wie Sie heißen?"

Großes Europa

„Mir sagte unser Opa,
wir haben gefährliche Herrscher in
Europa,"
da sagte Amelie-Thea:
„Ja. zum Beispiel in Nordkorea."

Hühnerstalltechnik

Das Huhn hat einen Größenwahn,
es will ein iPhone für den Hahn.

Türke

Ausgerechnet Özdemir
fragt: „Was will der Türke hier?"

Sittlichkeitsdelikt

Sperma keinen Unschuldigen ein,
sagte der Angeklagte zum Richter
und sah in fragende Gesichter.

Milchpreise

Herr und Frau Neureich finden den
Milchpreis cool
und füllen mit H-Milch ihren
Swimmingpool.

Mit ausländischen Wurzeln

Ich lass mich zu nix zwingen,
warum soll ich denn eure Hymne
singen,
wenn ich mich schon nicht schäme
und eure Millionen nehme!?

Blinder Mann

Wie ein Ungeheuer aus dem Meer
wälzte sich wütend der
Berufsverkehr.

Lauf nicht auf die Straße in den Tod,
es ist rot!
Neben der Frau stand ein blinder Mann,
der das Licht nicht sehen kann.
Leblose Augen, die niemals glühn.
Jetzt ist grün!
Blinder Mann, fühl das Licht,
was du fühlst,
das blendet dich nicht.
Und sie traf ihn wieder im Konzert.
Er war sehr charmant und liebenswert.
In der großen Pause rief ein Kind:
„Der ist blind!"
Im Foyer sagte er zu ihr:
„Trinken Sie ein Glas mit mir?"
Er hatte etwas, was sie mag:
Er war stark!
Keiner ihrer Freunde war wie er.
Blinde Augen sehen viel, viel mehr,
blinde Augen sehen Freud und Schmerz
bis ins Herz.
Seine Hand streichelt ihr Gesicht,
ihre Liebe ist sein Licht,
und keine Augen schauen sie so an.
Er ist jetzt ihr Mann.

Karrierefrau

Muss sie sich denn emanzipieren
und auch noch BWL studieren?
Gibt's für die Frau denn keinen Mann,
dem sie ein Schnitzel braten kann?

Alleinerziehend, wie kommt das?

Man brauchte früher einen Mann,
damit man Kinder kriegen kann,
ohne Mann bekam man keine.
Wie macht man sowas denn alleine?
Das Huhn lernt schon als Kind verhüten,
um sich dann doch was auszubrüten.

Reisemuffel

Ich war noch nie in der Türkei,
und das Izmir einerlei.

Krawalle

Ekelhafte Fratze
unter einer Glatze,
die Fäuste geballt
zu brutaler, feiger Gewalt.
Der Gärtner dieser Gewächse
warst du. - JA DU!!!
Und schaust ohnmächtig zu.

Liebe Insassen der JVA

Das war zwar nicht so gewollt,
dass ihr euch hier umbringen sollt,
doch so löst sich ganz bequem
das interne Platzproblem.

Guter Rat

Ganz egal, was du auch tust,
vergiss es bitte nicht:
Hinter jeder Akte
verbirgt sich ein Gesicht.

Kindergedicht

Auf der Wiese steht ne Kuh,
die sieht anders aus als du,
man erkennt sie auch daran,
dass sie Hörner hat und Milch geben
kann.

Fußballeuropameisterschaft

Wenn einer an das Endspiel
Österreich-Ungarn glaubt,
ist die Frage „Gegen wen?" erlaubt.

Der Verdacht

Kein Geschirr gespült,
das Bett zerwühlt,
ihn quält die Frage
dieser Tage:
Wer Route
bei Ute?

Die Unterhose

„Was geht das Schiedsrichter-
gespann
meine Unterhose an?"
„Wenn ich es richtig verstanden
habe,
bestimmt die Spielregel die Farbe."
„Dann hätte ich noch eine Frage:
Was ist denn, wenn ich keine trage?"
„Ich glaub, das wäre zugelassen,
muss aber zum Trikot passen.
Wenn eine Mannschaft gar nichts
trägt,
das ist wohl nicht festgelegt."

Freededom

So wie es die Inselgesetze
verlangen, hatten beide einen Sohn
gezeugt, damit ihre männlichen
Nachkommen einmal so wie heute
ihre Väter den tödlichen Kampf um
die Inselherrschaft Mann gegen
Mann austragen werden. Nun
standen sich also Sven und Sigurd
gegenüber, in der rechten Hand die
Eisenkette, an deren Ende eine

schwere Metallkugel hing. So, wie es schon ihre Väter und deren Väter und Großväter getan hatten, ging es darum, mit dieser Waffe seinem Widersacher den Schädel einzuschlagen und den neuen Inselherrscher zu ermitteln. Alle Inselbewohner waren gekommen, um diesem wichtigen Ereignis beizuwohnen und anschließend den unterlegenen Kämpfer würdevoll zu begraben. Die braungebrannten nackten Körper der beiden glänzten in der tiefstehenden Sonne über der Insel Freededom. So standen sie sich nun schon seit einer Stunde gegenüber, und die Bürger der Insel saßen im Halbkreis um sie herum und konnten die Spannung kaum noch ertragen. „Watu ma te klaak?" sagte Sven. Was so viel hieß wie: „Warum schlägst du nicht zu?"
Das Volk tuschelte und murmelte; denn es war nicht üblich, dass sich die beiden vor dem Kampf unterhalten. „Watu ma te klaak?" erwiderte Sigurd, „warum schlägst du denn nicht zu?" Sven schaute aufs Meer hinaus, er hatte Sigurd fast den

Rücken zugedreht, so dass es ein Leichtes gewesen wäre, ihn mit einem gezielten Schlag tödlich zu besiegen. Es knisterte vor Spannung und das unmöglich erscheinende geschah: Sigurd legte seine Kette mit der Kugel in den Sand. „Bare mi wote, ku la de wa klaak!" sagte er, „ich sehe nicht ein, warum ich einem Freund den Schädel einschlagen soll." Die zuschauenden Inselbewohner redeten wie wild durcheinander. Dann ging Sven auf Sigurd zu und sagte: „Bare mi wote, ku la de wa klaak!", ließ auch seine Kette mit der Kugel in den weißen Sand sinken und umarmte Sigurd. So standen zwei Männer, die sich den Schädel einschlagen sollten, mit Tränen in den Augen in der untergehenden Sonne, und die Bewohner von Freededom feierten und diskutierten die ganze Nacht durch, wie sie in Zukunft gemeinsam die Geschicke der Insel verwalten und gestalten wollten. „Und was geschieht nun mit den beiden Waffen?" fragte Sven am nächsten Morgen. „Wir können sie einem

Piratenschiff mitgeben für die sogenannte zivilisierte Welt," sagte Sigurd, „die sind noch nicht so weit wie wir und brauchen sie noch."
„Ka mu ta Idioten!" sagte Sven, aber ich kann es Ihnen leider nicht übersetzen, was er damit gemeint haben könnte.

Die Erbschaft

Mir hat einer meiner Lieben
in Vineta ein Haus überschrieben.
Was hat das jetzt für einen Sinn?
Mein Navi findet da nicht hin!
Die Frauenstimme im Tom-Tom
lockt mich bis nach Usedom
und sagt: „Zwei Stunden noch vielleicht,
dann haben Sie Ihr Ziel erreicht."
Was dachte sich nur der Erblasser,
dann fällt die Erbschaft wohl ins Wasser.

Urlaub

Urlaub fällt von alten Bäumen
und lässt uns von früher träumen.
Nimm kein Blatt vor deinen Mund,
vielleicht ist Urlaub ungesund.

Pech gehabt

„Liebe Gabi," schrieb der Peter,
„ich schenk dir keinen Chronometer,
jetzt hab ich schon ne Uhr bestellt
und dachte, dass dir das gefällt."

Totes Meer und mehr

Tot ist das Gegenteil von Leben,
so meint man doch, im toten Meer,
da kann es auch kein Leben geben,
jedoch, dort wachsen Pflanzen
mit hohen Salztoleranzen.
Schon wieder was gelernt,
ist es auch weit entfernt.
Hinauf zum Toten Mann
fährt eine Sesselbahn,
bei einer toten Maus
ist wohl ne Katz im Haus

und in dem toten Winkel
fährt manchmal so ein Pinkel
mit seinem BMW.
Tote Hose tut nicht weh.

Verkaufsgenie

Der beste Verkäufer ist der
bestimmt,
der bei einer Melkmaschine die
einzige Kuh in Zahlung nimmt.

Fremdwörter

Wir hatten das nicht in der Schule,
ist After Work nur was für Schwule?

Schlechter Tausch

Der Mann im Orient war schlau,
gab ein Kamel für eine Frau,
Kamele gibt es auch hier genug,
insofern war der Tausch nicht klug.

Christival der Liebe

Ein Christival der Liebe
gibt Menschen neuen Mut,
ein Christival der Liebe
stünde auch den Kirchen gut.

Wir haben die Jugend befragt

Wie gefiel euch denn die Fahrt?
„Die war mega-cool".
Wie gefiel euch denn der Tag?
„Der war mega-cool".
Wie gefiel euch das Programm?
„Das war mega-cool".
Wie gefiel euch die Musik?
„Die war mega-cool".
Wie gefiel euch der DJ?
„Der war mega-cool".

sprachgepanscht

Für Salvatore war der Sei
mit der Ragazza nicht okay.

Der unaufhaltsame Virus

Der Starreporter der Sendeanstalt
sagt ständig halt und eben halt,
die Herren auf den anderen Plätzen
wollen gerne auch dumm schwätzen
und sie reden ungeniert
von dem Virus infiziert,
bis man es zu Hause dann
einfach nicht mehr hören kann,
und es schallt der Ruf durchs Haus:
„Bitte, mach das Fernsehn aus!!!"

Formel 1

Ich glaube,
dass einer, der Sauber fährt
auch sauber fährt.

Ganz persönlich

Herr, erhöre meine Gebete
für die Kinder und für Käthe!

Lockere Verabschiedung

An einen, der noch im Alter an sich
glaubt:
„Mach es gut, wenn überhaupt".

Wo die Satire aufhört

Es gehört sich nicht im Zoogehege,
dass ich dem Herrn für Affenpflege
an den Affenkäfig schmiere:
Bitte nicht füttern – Satttiere!

Deutschland - Ukraine

Fasst sich der Trainer in den Schritt,
ist das wie ein geheimer Brief,
er teilt damit den Spielern mit,
ihr steht zu tief.

Warm in der Brust

Wem es im Herzen warm ist, Süße,
der kriegt auch keine kalten Füße.

Kluge Entscheidung

Willst du Geld beim Einkauf sparen,
musst du ohne Zähne fahren,
weil Verkäufer dazu neigen,
dann nur Preiswertes zu zeigen.
Ich kaufte mir jetzt eine Uhr,
die kostet achtzig Euro nur,
und die Verkäuferin tat wichtig:
„Ich glaube, die ist für Sie richtig!"
Ich hatte mein Gebiss vergessen
und nie so eine Uhr besessen.
Ein Lob gebührt der guten Frau:
Die Uhr geht wie Big Ben genau.

Wettervorhersage

Die Tageszeitung meldete für den
17. Juni eine Stunde Sonne und
99% Regen,
das lässt sich wohl nur so
begründen:
Die konnten ihr Rechenbuch nicht
finden,
weil man ja vermuten mag,
100 Stunden hat auch da kein Tag.

Kluge Politiker

„Ein Nein ist ein Nein!!!"
Das muss ins Grundgesetz rein!
Aber „Ein Ja ist ein Ja!!!"
fehlt dann immer noch da.
Vielleicht schafft das ja schon
die nächste Koalition.
Und für die Opposition der Vorschlag
noch schnell:
„Ein Eventuell ist ein Eventuell!!!"
Mensch, sind die schlau!
Können die kein Mau-Mau
oder Schiffeversenken,
anstatt sich sowas auszudenken?

Die Offerte Korruptika

„Würde eine Million was nützen,
wenn Sie Fracking unterstützen?
Dann sagen Sie eben,
man könnte doch ohne Wasser
leben.
Und wenn was passiert,
werden Sie doch evakuiert!
Für Sie wird es sich lohnen. –
Na gut, zwei Millionen!?"

Tolles Paar

Sie heißt Marie-Siglinde
und tut ganz mondän,
ihr Mann trägt eine Binde,
der ist Fußballkapitän.

Oktoberfest

Wenn dir die Preise auf der Wiesn
immer mehr den Spaß vermiesen,
dann geh nicht hin und bleibe hier,
über 10 Euro sind zu viel für'n Bier.
Wenn wir das Bier zu Hause trinken,
wird da der Preis bald wieder sinken.

Private Kaufanzeige

Kaufe alles, - ganz privat!
So spart er auch am Inserat.
Fragen Sie nach Herrn
Klotschendeich! -
Lügen machen Händler reich.

Der Dichter kapituliert

Ich dachte, ich kenne mich da aus,
doch eins ist mir nicht klar:
Wie heißt die Mehrzahl von
Singular?

Einbruch in der Bücherei

Sie kamen vermutlich aus Rumänien
oder Polen
und haben die Bücher
„Einbruch schwer gemacht" und
„Haltet den Dieb" gestohlen.

Staatsdienervermehrer

Das eingespielte Lehrerteam
war in der Pause zu intim,
der Rektor schickte nach der Pause
beide mit dem Satz nach Hause:
„Wir brauchen keine Lehrer
als Staatsdienervermehrer".
Jedoch mit einer Schülerin
entspricht es auch nicht Zweck und
Sinn,

so werden Pädagogen
um ihren Spaß betrogen,
und viele wollen deshalb nie
auf eine Lehrerackerdemie.

Freund in der Ferne

Ich bin ja so gerne
dein Freund in weiter Ferne,
dann können wir uns schreiben
und trotzdem glücklich bleiben.

Wahre Liebe

Der schwarze Panther sah den Herrn
und hatte ihn zum Fressen gern.

Mitternacht in der Bar

„Mir ist so nach kurz vor Sex,"
sprach der Mann mit dem Komplex.

Tierisch gut

Hinter einer Tüllgardine
saß die flotte nackte Biene.
Ein alter Herr, den das erfreute,
schob ganz sanft den Tüll beiseite.
Die Biene flog nach diesem Schock
zurück in Imkers Bienenstock.

Seltsamer Flirtversuch

Ist neben Ihnen der Platz noch frei,
würden Sie ein bisschen rutschen?
Ich habe ein Bonbon dabei,
das könnten wir gemeinsam
lutschen.

Kamerun

Hast du hier noch viel zu tun,
dann kannst du in der Kammer ruhn.

Türken, Türken

Zwanzig Türken sind im Sender,
vierundzwanzig im Adventkalender.

Sprechender Spiegel

„Spieglein, Spieglein an der Wand,
wer ist die Schönste im ganzen
Land?"
„Ich würde es dir sagen,
aber du kannst keine Wahrheit
vertragen."

Die Pflegekasse bezahlt es ja

Pflegefall Willi hat geschrieben:
Wir machen Urlaub hier,
wir wandern viel, wir schwimmen viel
und haben viel Pläsier.
Am Abend gehen wir in die Bar
und scheuen keine Müh,
schöne Frauen gibt es auch genug,
das geht bis morgens früh.
Wir sind schon alle braungebrannt,
wie schön ist doch die Welt,
und nächste Woche gibt es ja
schon wieder Pflegegeld.

Der Falsche

Ein Bürgermeister einer Stadt,
der dort nicht den Wohnsitz hat
und sagt, er will woanders leben,
das sollte uns zu denken geben.
So Leute machen manchmal wacker
die Kasse leer und sich vom Acker.
Und später sagen kleine Geister:
„Das war ein guter Bürgermeister".
Der Kluge, der den Durchblick hat,
wählt einen aus der eigenen Stadt;
denn dabei hat er die Gewähr,
der liebt die Stadt genau wie er.
Ist die Gemeinde unterm Hammer,
kommt der große Katzenjammer.
Und der, der das verursacht hat,
sonnt sich in der nächsten Stadt
auf der Leiter der Karriere,
als ob nichts gewesen wäre.

Das Madl im Stadl

Petrowna im Musikantenstadl
ist auch kein alter deutscher Adel.
Die Jelena ist atemlos,
so wird sie nicht ihr Asthma los.

Schweizer Kanton, 3 Buchstaben

Ich weiß nicht, wen das interessiert,
wie man in Uri uriniert.
Ich nehme an, im Sitzen,
das würde nicht so spritzen.
Sowas liegt nicht unbedingt
am Urin stinkt,
respektive Urinstinkt.

Mein Freund, die Fliege

Die Fliege hat mich überlistet
und sich bei mir eingenistet.
Mache ich das Fenster auf,
fliegt sie schnell zur Decke rauf,
und ich sehe, wie sie grinst.
Nein, das ist kein Hirngespinst.
Ich dachte, dass ich sie mal fang,
das geht nun so schon tagelang.
Und weil wir beide wissen,
wir würden uns vermissen,
weiß ich, was ich tu:
Ich lass sie jetzt in Ruh!
Man kann sich auch mit Tieren
ganz friedlich arrangieren.
So mit der Frage ungefähr:
Was wär, wenn ich die Fliege wär?

Es nützt in vielen Fällen,
sich sowas vorzustellen,
weil man der Schöpfung schuldet,
auch wir sind nur geduldet,
auch wenn man groß erscheint.
Komm, Fliege, sei mein Freund! –
Eins muss ich dir noch sagen:
Auch Freunde müssen sich gut
betragen.
Von meinem Essen bleibst du weg,
sonst mach ich dich zum schwarzen
Fleck.

Menschenkinder

Es gibt da ganz verschiedene Arten,
der eine hat'n zarten Hintern,
der andre kommt aus Hinterzarten.

Gelegt, kastriert

Der Wallach sprach zu seiner Stute:
„Schatz, ich wünsch dir alles Gute,
jetzt kann ich dir nichts mehr
versprechen,
doch ich werde mich bei denen
rächen!"

Veganer

Die Veganerin
treibt mich noch in den Wahn,
sie trinkt kein Wasser mehr;
denn das kommt aus dem Hahn.

Mach du meinen Job

Sing mein Lied, das gibt es schon,
mach meinen Job ist neu,
der Förster steht an Oberdeck
und ruft „Kapitän, ahoi!"
Der Sänger kocht sein Leibgericht,
der Kommissar spielt Skat.
Sonst ist noch alles, wie es war,
die Clowns regieren den Staat.

Heinrich III.

Markgraf Heinrich der Erlauchte,
der so gerne trank und rauchte,
hat darum in stillen Stunden
einst sein eigenes Bier erfunden.
Papa, der ihm das Leben schenkte,
das war Dietrich der Bedrängte.

Vom Bedrängten zum Erlauchten
werden,
das ist gar nicht so leicht auf Erden!
Wer's nicht glaubt und wen das
wundert,
das war im 13. Jahrhundert,
und in Sachsen trinken Leute
Bier vom Heinrich auch noch heute.
Mal bedrängt und mal erlaucht,
sind die Ahnen abgetaucht.

Eierland

Er sagt, er kommt vom Eierland,
und ich kombiniere,
das ist ein Ire.

Alberne Weinbergschnecken

Schnecken machen Sachen,
sitzen im Weinberg und lachen.
Im Weinberg lachen,
darf man das machen?

Ein Widerspruch

Mich würde mal interessieren,
kann man in Siegen verlieren?

Ludelß Preißrätßel

Wie heißt daß? Ludel lißpelt oder
Ludel lohnt ßich?
Lißpeln lohnt ßich.
Richtig!!! ßie haben eine Reiße ßum
Mond gewonnen, aber ohne ßurück..

Führe uns nicht in Versuchung

Drei willkürliche Medien-Sätze:
„Ich habe dich versucht zu
erreichen",
„Er hat das Tor versucht zu treffen",
„Du musst deinen Freund versuchen
zu verstehen."
Wie finden Sie das?
Drei grottenfalsche Sätze!!!
Ich darf dich nicht versuchen,
das Tor kann er gar nicht versuchen,
und du sollst deinen Freund nicht
versuchen!!!

So schwer ist das doch gar nicht zu verstehen, oder? Führe uns nicht in Versuchung, sondern erlöse uns von dem Bösen….
Sagen wir es doch so:
„Ich habe versucht, dich zu erreichen." Klingt doch schon ganz anders. „Er hat versucht, das Tor zu treffen." Er hat ja nicht das Tor versucht, sondern er hat versucht, es zu treffen. „Du musst versuchen, deinen Freund zu verstehen."
Das ist so wohltuend, wenn in den Medien gutes Deutsch gesprochen und geschrieben wird, finden Sie nicht auch? Der Handwerker kann doch auch mit seinem Werkzeug umgehen. Brüller sind auch: „Ich will mich versuchen zu ändern" oder „ich habe mich versucht zu verständigen".
Da führt sich einer selbst in Versuchung…
Schade, dass wir keine Gesellschaft der deutschen Sprache haben. Gibt es schon? Nein, nein, ich meine eine, die so etwas merkt und sich für die Erhaltung unserer Sprache als Kulturgut stark macht. Eine, der das

ständige „halt" auffällt, die scheinbar
und anscheinend und auch als und
wie auseinanderhalten kann und
gegen die rasante Verbreitung von
„da musst du, da bist du, da kannst
du" und „geil" in völlig falschem
Zusammenhang etwas unternimmt,
kurz und gut, eine Gesellschaft der
deutschen Sprache, die keine
zunehmende Kloakensprache
hinnimmt, sondern sich dieser
„Versuchung" widersetzt und genau
das tut, was ich hier versuche,
nämlich Deutsch als erhaltenswerte
Sprache zu pflegen und den
Dummschwätzervirus hier im Land
zu stoppen. So eine Gesellschaft der
deutschen Sprache brauchen wir,
und zwar ganz dringend!!!

Volksbefragung

Kriminell ist, wenn sie das Volk nicht
fragen,
weil sie wissen, dass die Bürger
„nein danke" sagen,
zum Beispiel, ob wir in der NATO
bleiben wollen,

ob wir lieber Euro als D-Mark wollen,
ob wir gerne unser Leben riskieren
und es mit Fracking probieren,
ob wir gerne Soldaten spielen
und auf andere Menschen zielen.
Die Bürger sind der Staat,
und nicht irgend so ein Schwachmat.
Nein, ohne NATO, das brächte uns kein Glück,
und wir brauchen nicht die D-Mark zurück,
darum geht es hier nicht,
es geht um die verdammte Pflicht,
im Interesse der Bürger zu regieren
und sich nicht in Selbstherrlichkeit zu verlieren!
Es geht um dieses Land –
und nicht um Euren Kontostand!
Das solltet Ihr entweder lernen,
oder Euch von den Posten entfernen.

Schlechte Karten

17 + 4 meine Jacke ist weg.
Für mich hat Glücksspiel keinen Zweck.

Maßstab der Gesellschaft

An erster Stelle steht,
wie sie mit den Schwachen umgeht.

Lottogewinn

Die Quote haute ihn fast von der Matte,
als er zwei Dreier in der gleichen Reihe hatte.

Abendidylle

Ich seh so gern die Nachbarin,
wenn sie auf ihren Besen steigt,
fliegt sie so schön dahin.

Das wird schon wieder!

Der Arzt verspricht bei der Visite:
„Mit Gottes Hilfe wirst du wieder munter."
„Herr Doktor, eine Frage bitte,
muss ich rauf, oder kommt er runter?"

Altersbedingte Fernsehsklaven

Menschen, die vor Flimmerkisten
wie ausgestopft ihr Dasein fristen
und auf ihren Bildschirm gaffen, -
Herr, lass mich lieber bis hundert schaffen,
anstatt an primitiven öden
Soaps und Serien zu verblöden.

Wissen ist Macht

Intelligent ist einer,
der Kondome mit Geschmack
entwickelt, weil er weiß,
dass es Doofe gibt,
die das kaufen.

**Die Glucke
von Friedrich Schöller**

Tief gefroren in der Truhe
liegt das Huhn von Leckerland,
heute muss die Glucke werden,
brüderlich mit Herz und Hand.
Danach lasst uns alle streben,
ach wie gern würd sie noch leben,

ihren Hahn, den Gockel loben,
doch der Ziegel kam von oben,
löste sich vom Scheunendach,
ohne Helm war sie zu schwach.
Tief gefroren in der Truhe
hat das Huhn jetzt seine Ruhe.

Gegenpressing

Kann Gegenpressing nützlich sein?
Beim Fußball ja, im Kreißsaal nein.

Charakterlos

Wer selbst zuletzt den Ball berührt
und eine Ecke reklamiert,
soll nie was von Charakter sagen,
weil ihm das Gegenteil gebührt.

Heyleids aus meinem Schaffen

Lieder ohne Worte –
Text: Heinz-E. Klockhaus

Prädestiniert

Dass er in Deutsch nur Sechsen schrieb
und darum dreimal sitzen blieb,
das war der Grund, dass man verstand,
warum er die Rechtschreibreform erfand.

Gänse

Gänse gefallen mir,
die Gans ist ein Entenvogel und Wirbeltier,
lieber eine dumme Gans,
als viele Hooligans.

Mal Baum, mal Hund

Das ist nun mal der Lauf im Leben,
mal geht es gut und mal daneben,
mal läuft es gar nicht und mal rund,
mal bist du Baum, mal bist du Hund.
Das ist Bestimmung und ich denk,
es ist doch alles ein Geschenk.
Das ist der Lauf von Zeit und Raum,

mal bist du Hund, mal bist du Baum,
und es ist überhaupt nicht klar,
was am Ende besser war.

Ausschüsse

Wenn irgendwo ein Ausschuss tagt,
in dem man seine Meinung sagt,
geht mancher Schuss total daneben.
Das ist so wie im echten Leben
und wenn Sie dort mal Mäuschen
machen,
da haben Sie genug zu lachen.
Es gab ja auch früher schon
mal Ausschuss in der Produktion.
Das ist genau dasselbe
und nicht vom Ei das Gelbe,
nur eine Logik, die beweist,
warum der Ausschuss
Ausschuss heißt.

Denkweise

Bei manchen ähnelt die Verdauung
verdächtig ihrer Weltanschauung.

Platzregen

Erlischt der Grill im Regenschauer,
ist man später immer schlauer,
wenn die Feier ohne Zelt
buchstäblich ins Wasser fällt.

Jugendlicher Standpunkt

Lass mich erst mal pubertieren,
dann kann ich immer noch studieren.

Direktor Dr. jur.

Der Direktor der Saline,
seines Zeichens Rechtsanwalt,
sprach: „Das Geld, das ich verdiene,
ist für mich mein Salzgehalt."

Email an einen CDU-Kollegen

Ich wollte nur fragen, ob Du weißt,
was das C in unserem Namen heißt,
ich suche danach schon seit Tagen,
aber keiner kann es mir sagen.

Nashville Badetag

Frisch gewaschen,
lass dich vernaschen.

Kräfte der Natur

Wo rohe Säfte für die Alten
Gesundheit und Potenz erhalten,
.das ist ein gutes Altenheim
und besser als nur Haferschleim.

Hammelkotelett mit Schecksbier

Das Kotelett ist nur Fleischbeilage.
Schwein oder nicht Schwein,
das ist hier die Frage.

Die Ballade vom alten T-Shirt

Ich hab es getragen 7 Jahr,
und ich kann es nicht tragen mehr,
dabei ist mir leider noch nicht klar,
wo krieg ich ein neues T-Shirt her.

Der Tauger

Ist er Rittersmann oder Knapp?
Tut er im Rathaus seine Pflicht?
Hält er durch oder macht er schlapp?
Taugt er oder taugt er nicht?
Er soll eine Akte verwalten
und den Beamtenstatus erhalten.

Gruß an den Ex

Mit dem Zweiten schläft man besser.

Reset

Die Tür für dich bleibt immer offen,
gib uns ne Chance und lass mich
hoffen.
Drück doch einfach auf Reset,
komm zurück in unser Bett.

Obergeschoss

Erschießt der Ober seinen Boss,
dann ist das kein Erdgeschoss.

Veranlagung

Nicht hinter jedem Schwulen steckt
auch ein guter Arschitekt.

Wörtlich genommen

Jetzt ist der Mittelstürmer still,
er hat gesagt, dass er die Kugel will.

Überfischung

Schillerlocken und der Aal
sind gewiss ein gutes Mahl,
doch sollten wir verzichten,
weil wir sie sonst vernichten.
Es gibt in Gottes Garten
noch viele andere Arten
und auch noch Fisch genug.
Wer Maß hält, handelt klug.

Nachbarn

Herr Neureich kommt fast um vor Geiz,
er hat drei Konten in der Schweiz,

er weiß nicht mehr, wie Lieder klingen
und hört nicht mehr die Vögel singen.
Herr Neureich denkt an Geld allein.
Das ist ein richtig armes Schwein!
Sein Nachbar lacht und sagt ganz offen:
„Ich hab mein halbes Geld versoffen,
und wer jetzt Böses von mir denkt,
die Hälfte habe ich verschenkt.
jetzt sitz ich hier mit Amelie
und bin so glücklich wie noch nie!"

Hymne

Einigkeit und rechts der Freiheit,
auf das Hirn gibt's Flaschenpfand…

Brüder

Gebrüder Grimm,
der Ausdruck ist schlimm,
ich sag es mal prüder:
Es gibt Gedärme,
aber keine Gebrüder.
Es hat auch noch keiner gewagt

und Geschwestern gesagt.
Das sind Brüder,
einfache, staubige Brüder.

Dr. Psychi

Der Psychiater bindet im Mondenscheine
seine Zahnbürste an die Wäscheleine
und sagt zu vorgerückter Stunde:
„Komm, Bello, wir gehen noch ne Runde."

Spiegelbild

Der älteste Patient,
den Dr. Psychi schon von Kind an kennt,
wollte nicht aus dem Spiegel kommen.
Das hat er ihm übel genommen.
Da machte es „Klirr!!!"
Seitdem war er nicht mehr hier.

Alternativ

Sie sagt:
„Die deutschen Männer sind alle,
jetzt such ich mir einen auf Malle."

Sternzeichen

Sie ist im Sommer geboren
und hat es faustdick hinter den Ohren.
Kann sie es auch noch so wild treiben,
sie wird doch Jungfrau bleiben.

Nach 1945

Auch die Mülheimer haben Mülleimer,
die Hamburger essen Burger
und auch in Braunschweig waren die Braunen auf einmal alle Schweiger.

Aus der Werbung

Kater würden Whiskey saufen.

Schon wieder was abgestaubt

Gewinnen ist nur was für normale
Leute,
die anderen sagen „abräumen"
heute.

Modische Schirmmützen

Ach, was sind die Mützen nett
mit dem Ärmelbügelbrett,
vom T-Shirt bis zum Overall,
der Mützenschirm passt überall,
oft benutzen ihn die Träger
sicher auch als Tennisschläger,
so ist man zu jeder Zeit
auch zum Tennismatch bereit,
hat damit manch armer Tropf
auch ein Brett vor seinem Kopf,
schattenspendend gut bemützt,
Hauptsache, dass es ihm nützt.

Intolerant

Werden Männer intolerant,
sind Windeln dagegen nicht bekannt.

Der Hypochonder

Herr Doktor Knoll, ich bin schwer krank,
das weiß ich schon mein Leben lang,
ich kenne jeden Arzt der Stadt,
egal, was er für'n Doktor hat,
und keiner wusste Rat.
Ich war auch schon beim Doktor Gyn
und schlucke jede Medizin,
weil ich so leidend bin.
Ich träufle täglich was ins Ohr,
verbring die Nacht im Schlaflabor,
Ich mess den Puls in jedem Haar
und nehme Antibiotika
auch für die Prostata.
Zehn Mal war ich im Krankenhaus,
die finden aber auch nichts raus.
Ich halt das nicht mehr aus.
Ich spür bei Juck und auch beim Ping,
dass ich kein Hypochonder bin,
ich bilde mir das doch nicht ein
und hab ein Recht, so krank zu sein,
auch ohne Krankenschein.
Gesunde gibt es überall,
man sieht es auch beim Ultraschall,
ich bin ein schwerer Fall.
Dass ich am Stammtisch ventilier,

schon nach zwölf Köm und sechzehn Bier,
das ist doch deutlich der Beweis,
ich bin schon auf dem Abstellgleis
so wie ein alter Greis.
Warum fällt mir das denn so schwer?
Kaum sind zwei Flaschen Whiskey leer,
hilft kein Viagra mehr.

Ich bin erst neunzig Jahre alt,
im Winter ist mir barfuß kalt,
ich muss doch sagen, Doktor Knoll,
ich hab die Nase langsam voll,
was mir noch helfen soll.
Kaum von Berlin nach Bonn gerannt,
da fühl ich mich schon abgespannt.
Sie sind ein Dilettant!
Ich glaub, die Jugend kommt zurück,
ein neuer Arzt, ein neues Glück,
Frau Doktor, Sie sind eine Wucht,
da wird gleich für ein Jahr gebucht
und alles untersucht.
Ich war noch nie so gerne krank
und hab noch Platz im Pillenschrank.
Frau Doktor, vielen Dank!

Flotte Bienen

Es geschah in Wermelskirchen,
wie man der Zeitung hier vernahm,
fünfzehntausend Bienentierchen
legten den Verkehr dort lahm.
Es ist schon öfter vorgekommen,
wie ich mal bemerken darf,
dass einen eine flotte Biene
völlig aus den Puschen warf.

Pfeifen

Man sagt, dass die Orgel in unserer Stadt
fast zweitausend Pfeifen hat.
Gestatten, dass ich einmal frag:
Wieviel hat der Bundestag?

Britischer Spleen

Die Briten haben den Spleen
und singen: „Im Safe ist die Queen."

Ich glaub, der Mensch verblödet aus dem Alltag erzählt….Teil 3

Was macht man mit einer Ehebrecherin? Jesus hat sich auch schützend vor sie gestellt. Aber er hat ihr gesagt: „Sündige fortan nicht mehr!" Wir sind heute ein Stück weiter. Wir stellen uns nicht nur schützend vor sie, wir machen sie zu unserer First Lady. „Was für ein Glücksfall, dieser neue Bundespräsident!" Die Deutschen haben gejubelt und sich mit Komplimenten überschlagen. Ja, das ist doch mal wieder ein richtiges Vorbild für unser Land. Gibt seinen Beruf als Pastor auf, der doch eigentlich eine Berufung sein sollte, um seiner Sucht nach Profilierung in der Öffentlichkeit nachzugeben, verlässt Frau und Kinder für eine Geliebte. Und dann weiß der Deutsche: Endlich haben wir einen Präsidenten von solchem Format. Wie man im Fernsehen sehen konnte, haben auch unsere hohen Kirchenvertreter kräftig applaudiert.

Endlich ein Mann von Format und nicht so ein einfältiger Trottel, der Frau und Kindern treu bleibt und der so handelt wie er predigt. -
Muss man da nicht hinterfragen, ob wir langsam aber sicher verblöden? Ich zeige nicht mit dem Finger auf diesen Mann. Jesus hätte ihm auch vergeben. Aber sind das die richtigen Voraussetzungen, ihn zum ersten Mann im Staate zu machen? Nein, das sind sie nicht! Mag ja sein, dass wir eine Kanzlerin aus der Uckermark brauchten, wenn es keinen Bewerber mit Demokratieerfahrung gab. Da haben wir uns ja auch alle gefreut. Endlich mal eine Frau als Kanzler. Ja, so fortschrittlich sind wir Deutschen! Und Russisch spricht sie auch perfekt. Obwohl es schon ein bisschen nachdenklich macht, dass sich der Schröder mit den Russen besser versteht als die Genossin. Einen Finanzminister im Rollstuhl, der seinen eigenen Beruf nicht aussprechen kann, hatten wir auch noch nicht. Die anderen Erwerbstätigen können das alle.

„Finanzminischter" ist ja nicht ganz richtig. Aber kann man das in den vielen Jahren nicht lernen, was man von Beruf ist? Wenn man daran denkt, was ein Kind so alles lernt. Unsere ausländischen Freunde, die sich mit Goethe abgeplagt haben, fragen ja schon, ob sie den falschen Deutschlehrer hatten, wenn sie hören: „Die meischten Koschten in den letzten Monaten mit den geringschten Laschten sind die beschten Koschtenposchten." Das wäre ein Satz für das Buch: „Wie wird man in Deutschland Finanzminister?" Vielleicht haben Sie es auch gelesen: Der Filmregisseur Dieter Wedel hat bei den Proben der Schauspielerin Elisabeth Lanz gesagt: „Hören Sie auf mit Ihren Pilcher-Tönen, hören Sie auf mit Ihrem Österreichischen!" Und sie hat sich für die Kritik bedankt! So geht es also auch! Der Vorsitzende einer deutschen Partei sagte kurz vor der Wahl: „Wir werden ein geiles Ergebnis einfahren." Er sollte sich besser in der Landwirtschaft bewerben und dabei

helfen, Kartoffeln oder Rüben einzufahren. Nun wird sich zeigen: Wie viele Menschen sind schon so verblödet und wählen solche Leute auch noch!? „Du bist geil. Er ist geil. Die Partei ist geil. Das Ergebnis ist geil." Das Wort hat eine neue Bedeutung bekommen, wir sollten es mit „primitiv" gleichsetzen!
Und auch, dass wir einen schwulen Außenminister zu unserer Repräsentation in die Welt schickten, war kein Zeichen von Toleranz, wie so gerne dazu angeführt wird, sondern auch ein Zeichen mangelnden moralischen Fingerspitzengefühls. Das hat auch mit Diskriminierung von Schwulen und Lesben nichts zu tun, wenn man ihnen nicht einräumt, sich zum Vorbild der Gesellschaft machen zu wollen. Es wäre gut, wenn wir mal wieder einen klaren Verstand walten lassen und uns nicht von jeder Lobby ein schlechtes Gewissen suggerieren lassen.
Wir haben auch die Juden schon um Verzeihung gebeten. Es gibt auch bei ihnen keinen Grund, uns von

ihnen auf dem Kopf rumtanzen zu lassen und zu feige zu sein, uns das zu verbitten. Was ist denn heute in Israel los? Wie streitsüchtig präsentieren sie sich denn heute? Doch, das darf man sagen! Man darf Recht und Unrecht unterscheiden. Wenn wir es richtig machen, wird das auch der Jude verstehen und respektieren. Wir müssen nicht nach seinem Mund reden und nicht nach seiner Pfeife tanzen, weil wir Deutsche sind. Wir müssen uns auch nicht im eigenen Land fremde Kulturen aufzwingen lassen, nur weil wir ein gutes Gastgeberland sind. Wir dürfen als Gegenleistung auch gute Gäste erwarten. Die Moslems wollen in Deutschland eigene Feiertage. Das ist kein Aprilscherz, darüber wird ernsthaft von Menschen diskutiert, die noch frei herumlaufen dürfen und von denen kein ärztlicher Befund geistiger Schwäche bekannt ist. Sie sind uns doch lieb hier im Land, die Juden, die Türken, die Moslems und die Ungläubigen. Aber wir sollten doch festhalten: Sie haben sich uns anzupassen, wenn sie hier leben möchten, und nicht wir ihnen. Sie haben unsere Kultur und unsere Werte zu respektieren, solange sie unsere Gäste sind. Da können diese Friedmänner in noch so viele Kameras grinsen, wir brauchen uns nicht zu schämen und dürfen zu unseren Werten stehen. Wenn diese Friedmänner das Bedürfnis haben, Werte zu verändern, dann bitte in Istanbul oder Israel, aber nicht in unserem Wohnzimmer. Wir müssen ihnen das endlich mal sagen, sie werden sonst immer dreister. Das Problem hatte ich mit Felix schon. Je mehr Freiheiten man ihnen lässt, umso frecher werden sie. irgendwann übernehmen sie die Führung. Dann ist es zu spät. Ich kam nicht mehr mit ihm zurecht und musste ihn ans Tierheim abgeben. Der Hund hat mich angegriffen…

Ich stelle mir vor, dass man sich freut, wenn man auf eine einsame Insel kommt und begegnet einem Menschen. „Gott sei Dank, ich bin nicht alleine." So ähnlich habe ich mich gefreut, als ich den Leserbrief eines Herrn Bernhard Strucken aus Grefrath in der Rheinischen Post gelesen habe. Ich bin ja nicht der Einzige, der noch klar denken kann und sein eigenes Gehirn benutzt. Herr Strucken schreibt: „Auf ihn sind die Deutschen stolz, schreibt die Rheinische Post... Ich nicht! Wie tief müssen wir moralisch gesunken sein, dass es offenbar als normal hingenommen wird, dass unser verheiratetes Staatsoberhaupt (ich habe noch nicht gehört, dass er geschieden ist, was er als Protestant ja sein könnte) offiziell eine Geliebte hat! Jedenfalls zeigt er sich selbst bei offiziellen Anlässen Seite an Seite mit seiner Geliebten (euphemistisch Lebensgefährtin genannt). Er gibt moralisch ein sehr, sehr schlechtes Beispiel, und deshalb kann ich ihn nicht als mein Staatsoberhaupt anerkennen." Soweit der Leserbrief. So sehr wir auch dabei sind zu verblöden, Herr Strucken ist längst nicht der Einzige, der so einen unmoralischen Lebenswandel nicht als Vorbild in seinem Land haben möchte und

anerkennt, wie er es nennt. Ich bin
sicher, wenn man das Volk befragt
hätte, dann hätten wir uns manch
eine peinliche Besetzung da oben
erspart.

Die Frau duzt mich

Ich habe einen Fernsehgottesdienst gesehn,
konnte auch alles verstehn,
nur eins war mir nicht klar:
Die Frau in dem schwarzen
Nachthemd vor dem Altar,
die kennt mich doch nicht,
warum duzt sie mich?

undichte Fürsten

Ein Dichterfürst ist ja bekannt,
doch wenn einer nicht ganz dicht ist,
wird er dann Undichterfürst genannt?

Wer ist Puffy?

Der junge Puffy ist vom alten Puffy
der Sohn,
das sind die Dummschwätzer der
Nation.

Geschenke machen

Wer schenkt,
der handelt nie verkehrt;
denn Geld
hat keinen Eigenwert.

Schwätzer und Hetzer

Die über christliche Werte hetzen
und primitive Parolen schwätzen,
finden immer ihr Publikum;
denn manche sind genauso dumm.

Nachruf

Weil er vegetarisch aß,
biss er viel zu früh ins Gras.

Signal aus der Windel

Die Geschichte ist wirklich wahr,
natürlich aus den USA,
ein Sensor, der in der Windel steckt
und dort den Reinheitszustand
checkt.
Hat Baby sein Geschäft getan,
ruft die Windel Mama an
und teilt ihr mit, es stinkt,
damit sie ne neue Windel bringt.

Malheur

Fällt dir das Gebiss ins Klo,
wäre es von Nutzen,
es vor weiterem Gebrauch
noch einmal zu putzen.

Liebe ist wichtig

Erfolg hält nicht warm,
Geld nimmt mich nicht in den Arm.
Alles ist nichtig,
Liebe ist wichtig!

Verbote

Kinder wollen
 klare Grenzen beizeiten,
um sie zu überschreiten.

CSD-Parade in Köln

Es ist doch wirklich schade,
dass die Christopher Street Days
Parade
nicht von uns allen subventioniert
in die ganze Welt übertragen wird.
Man sollte auch dafür plädieren,
bei jedem einen eigenen
Lautsprecher zu installieren.
Wir wären doch alle sehr empört,
wenn man einen Schwulen überhört.
Hoch lebe die Lesbe!
Hoch lebe der Schwule!
Das macht Schule.

Die Eurofighter

Blau-weiße Träume leben weiter,
wir bleiben ewig die Eurofighter!

Noch ein ehrenwerter Ehrentag?

Tag der freien Liebe,
der Ehebrecher, Pornofreunde
und Taschendiebe.
Tag vom hemmungslosen
Jointrauchen,
das sind doch Tage, die wir noch
brauchen!
Tag vom Hängebauchschwein
sollte auch bald mal sein. –
Ein Tag. sich mal richtig von
morgens bis abends zu schämen,
wenn sie auf die Idee doch endlich
mal kämen!!!

Nachruf

Wahre Liebe nimmt Trauer in Kauf
und hört nicht irgendwann auf.

Nach der Wahl

Wer einen Verrückten wählt,
darf sich nicht wundern,
dass danach der Wahnsinn zählt.

Szene

Ist das nicht zum Lachen,
dass die Frau dem Zahnarzt sagt,
er soll ihr keine Szene machen?

Klamotten

Die Motte in dem Kleiderschrank
sagt dem Besitzer „Vielen Dank!".
Sie fressen Stoff und spotten:
„Alles klar, Motten!"
Daher der Name Klamotten.

Schlachtfeld

Schlachtfeld aus der Nähe
betrachtet,
heißt, da werden Menschen
abgeschlachtet.

Ehebruch

Sie hat gesagt, dass sie mich liebt,
woraus nichts werden kann,
weil es für mich Betrug nicht gibt,

sie hat doch einen Mann!
Was wäre ich für eine Sau,
wie würde ich mich schämen,
dem anderen einfach seine Frau
heimtückisch wegzunehmen!?

Weiter so, Nazis!

Ja, ja, sie sind zwar rechtsextrem
und gegen unser Rechtssystem,
verfassungsfeindliche Partei,
rassistisch sind sie nebenbei,
das alles fand auch das Gericht.
Verbieten? Nein! Bei uns doch nicht!
Von dem Gericht legitimiert,
mit Steuergeldern finanziert.....
Herr Richter, man sieht sich auf
Malle. - - -
Haben wir sie denn noch alle???

Schöne Gesichter

Wenn ich durch die Straßen geh
und die jungen Menschen seh,
wünsche ich mir jeden Tag,
dass sie Gott beschützen mag.

Bestechung ist ein böses Wort

Liebesbrief an die Kommission:
Für ein Kopfnicken eine Million,
Glyphosat einfach erlauben,
Augen zu, nicht an Krebs glauben.
Glyphosat gibt es noch, -
na bitte, geht doch!!!

Gedankenspiel

Selbstmordattentäter
reißen Kinder, Frauen und
Familienväter
ganz geplant mit in den Tod.
Wäre es da ein Denkverbot,
solange ihre Bomben ticken,
sie alleine in den Tod zu schicken?

Im Büchermarkt

Verkäuferin nach kurzem Verneigen:
„Darf ich Ihnen mal unsere
Printmedien zeigen?"
„Nein danke, ich such
doch eher nach einem Buch!"

Kreistag

Bevor die Stadt mit den Arbeiten für einen neuen Kreisverkehr beginnen durfte, musste erst noch der Kreistag zustimmen. Jetzt wissen wir endlich auch, warum der Kreistag „Kreistag" heißt. Ob die sich mit 2 R mal Pi begrüßen, war nicht in Erfahrung zu bringen. Wenn die Betriebsferien machen, schließt sich der Kreis. Fängt ein Kreistagsabgeordneter ein Techtelmechtel mit seiner Sekretärin an, fällt das übrigens nicht unter den Begriff „Kreisverkehr", kann aber im Kreißsaal enden.

Echte Westfalen

Ein Laienrichter darf nicht schlafen,
sonst kann man den Angeklagten nicht bestrafen,
das hat das Landgericht Münster festgestellt.
Wenn dem Schöffen der Kopf auf die Tischplatte fällt,
kommt ein neuer Schöffe dran,
der sich besser wachhalten kann.

Schmarotzer

Wir sind vom Süden bis zum Norden
ein Schmarotzer-Land geworden,
auch wenn es kaum einer wagt
und so klar die Wahrheit sagt.

Nachrufe

Die Menschen sterben oft zu zweit,
das tut mir dann besonders leid,
da steht, um wen die Sippe weint
und mit ihm starb ein guter Freund.

**Nennt sich Satiriker
und schreibt Erhardt-Gedichte**

Schläfst du mit Försters Töchterlein,
tu einen schönen Gruß mit rein.
Applaus!!!
„Nein, noch nicht, bin doch noch
nicht fertig!"
Schläfst du mit Försters Frau,
bis du ne dumme Sau.
Applaus!!!
„Nein, ich sag schon, wenn ich fertig
bin!"

Schläfst du mit De-do-dan,
dann hast du ein Milchorgan.
„So, jetzt könnense!!!"
Applaus! Applaus!! Applaus!!!

Für normale Leser

Bist Du weder doof noch geil,
denk dir dabei selbst Dein Teil.

Vergabestelle

„Vergabestelle wird geschlossen!"
Das hat mich aber sehr verdrossen,
die hätte bisher kooperiert,
was aber jetzt beendet wird.
Wir machen so viel Mist im Leben,
wer soll uns denn jetzt vergeben?
Ob man nicht Gott anrufen sollte,
wenn man Vergebung haben wollte?
Was treibt der Mensch für Possen?
Vergabestelle ist geschlossen.

Geburtenstatistik

Sex ist das Lieblingsthema der
Sachsen,
da ist es doch kein Wunder,
dass die Geburtenzahlen wachsen.

Ich bin für dich da

Lass mich einfach der Mensch sein,
der es gut mit dir meint,
der laut mit dir lacht
und der still um dich weint.

Frau Tiel

Haben Sie in Ihrem Wohndomizil
auch so eine kluge Frau Tiel?
Die mit dem Besserwisserpreis,
eine, die alles besser weiß,
bei der man sich die Augen reibt,
was sie schon wieder an die Zeitung
schreibt,
die sich über den Lärm beschwert,
wenn ein Auto vorüberfährt,
die sich mit Eierlikör bekleckert
und dann über die Kellnerin meckert.

Ich glaube, in jedem Wohndomizil
gibt es so eine kluge Frau Tiel.
Und wissen Sie, wie das beginnt?
Wenn Menschen mit sich nicht
zufrieden sind!
Ist einem alles zu viel,
dann wird man eine Frau Tiel.

Verlorenes Selbstwertgefühl

Man kann Menschen so verletzen,
dass sie sich selbst nicht mehr
schätzen
und für einen tiefen Stich
suchen sie die Schuld bei sich.

Gesunde Lebensweise

Ich tue nichts, wobei man stöhnt,
hab mir das Rauchen abgewöhnt,
trink Bier nur ohne Alkohol, -
so wird man alt und fühlt sich wohl.

6. Juli 2016

Wenn wir den Tag des Kusses feiern,
gilt es nicht, herumzueiern,
stehn dir Menschen vis-a-vis,
frag nicht blöd und küsse sie!
Haut dich einer von dem Hocker:
Es ist Kusstag, nimm es locker.
Also Freunde, nix wie hin,
küsst auch mal die Nachbarin.
Küss auch mal die Frau vom Boss,
andere sind auch arbeitslos,
und dir bleibt als Trost sogar,
dass es ja der Kusstag war.
Was der arme Boss wohl macht,
wenn uns erst der Schlaftag lacht!?

Euro Twain

Die Zeit bleibt manchmal einfach stehn,
man spricht noch immer von Mark Twain,
obwohl es doch längst jeder weiß,
dass Mark schon lange Euro heißt.
Ob man da gut gehandelt hat,
steht auf einem anderen Blatt;

denn mal ehrlich, habt mal Mut,
Tomateneuro klingt nicht gut,
und kein Mensch in Dänemark
findet Däneeuro stark.
Ich verrate gerne allen:
Markfighter hätte mir auch gefallen.
Euro her und Euro hin,
wer kennt schon Huckleberry Finn!?

Sport Utility Vehicle

Fehlt dem Hirn die Vitamine,
sagt man SUV zur Limousine.
Ich habe erst mal nachgeschlagen:
Die meinen den Geländewagen.
Goethe-Freunde, passen's uff,
so ein Deutsch entsteht im Suff.

Fußballtrainer

Der Trainer erinnert mich an unseren Hund,
der Köter kaut auch mit offenem Mund.
Der Hund hat ein schönes Gesicht,
aber ästhetisch aussehen tut das bei beiden nicht.

Rumsdibumsdi

Bist du ein Grufti,
kriegst du einen Bufdi,
je nach Pflegeklasse
reicht er dir die Schnabeltasse.
Hast du noch alle Latten im Zaun,
musst du dich dem nicht anvertrau'n.
Ach wie schön, wenn Generationen
so wie früher zusammen wohnen!
Da waren für die Großmama
noch Kinder und die Enkel da.
Es wird schwierig, alt zu sein,
heute bist du dann allein,
ganz allein bis auf den Bufdi, -
armer Grufti.
Abgeschoben und senil,
alt sein ist ein Trauerspiel.
Ach, wie zynisch das doch klingt,
wenn man von Nächstenliebe singt!
Wer in Ehren älter wird,
rumsdibumsi abserviert.
Der Staat ersetzt nicht Deine Lieben!
Wo ist nur die Moral geblieben?

Ich glaub, der Mensch verblödet aus dem Alltag erzählt....Teil 4

Wie viele Millionen haben Sie eigentlich auf Ihrem Konto, wenn Sie vier Jahre für die gleiche Firma hart gearbeitet haben? Nein, nein, die Frage ist nicht zynisch gemeint. Ich stelle nur solche Überlegungen an, wenn ich lese, dass ein Basketballspieler namens Dirk Nowitzki, den Sie natürlich zumindest namentlich und aus der Fernsehwerbung auch kennen, in Amerika einen Vierjahresvertrag hat, der ihm das bescheidene Einkommen in diesen vier Jahren von mehr als 80 Millionen Dollar garantiert. Und wenn man nun den Ball in einen Korb zu werfen mit Ihrer Arbeit zu vergleichen versucht, muss man dann nicht am Verstand der Menschheit zweifeln? Das ist nicht nur im Land der ungeahnten Möglichkeiten USA so, sondern auch bei uns stimmen die Relationen in keiner Weise. Auch unsere kickenden Bübchen sind längst alle mehrfache Millionäre in kurzen

Hosen. Ich finde das nicht lustig, wenn die jungen Millionäre in Ausübung ihres Berufes im Sekundentakt spucken. Gut, dass sich die Krankenschwester und die Küchenhilfe besser benehmen. Es wäre nicht so angenehm, wenn auch sie an ihrem Arbeitsplatz alles vollspucken würden. Und keiner sagt den Bübchen anscheinend, dass sie das lassen sollen. Die haben doch auch Freundinnen. Möchten Sie, dass ihr Freund dauernd rumspuckt wie ein Lama? Auch die Trainer sagen nichts. Sie haben vielleicht den gleichen Werdegang und schon ein paar Jahrzehnte Spucken selbst auf dem Buckel. Es soll ja keiner sagen, das läge am Fußballspiel. Ich muss dem widersprechen. Ich habe früher auch aktiv Fußball gespielt, bei uns hat keiner gespuckt. Wir hätten uns auch geweigert, dann den Ball zum Einwurf anzufassen, wenn er da 90 Minuten durch ein Spuckegemisch gerollt wäre. Komisch, dass sich die Jung-Millionäre davor nicht ekeln. Und achten Sie mal darauf, die spucken auch schon, wenn sie noch gar keinen Meter gelaufen sind. Bevor der Einwechselspieler über die Seitenlinie ins Spielfeld trabt, spuckt er erst mal wie ein Hund, der pinkelnd sein Revier markiert. Da kriegt der Begriff Rotzjunge eine ganz neue Bedeutung. Verstehen Sie, dass man Jungs die Taschen voll Geld füllt, die für unser Land Fußball spielen und die Hymne nicht mitsingen? Ich versteh das nicht. Kein Mensch hat sie gezwungen, unser Trikot anzuziehen. Da faseln sie von polnischen Wurzeln, von türkischen Wurzeln. Das ist doch wieder das gleiche Thema. Wenn sie für unser Land spielen wollen, sind das denn dann Polen oder Türken? Was interessieren dabei die Wurzeln? Wir sind doch ein tolerantes Land, ein guter Gastgeber. Das ist ja alles in Ordnung. Aber in einer deutschen Nationalmannschaft spielen deutsche Spieler! Und deutsche Spieler singen die deutsche Nationalhymne. So einfach ist das. Der Bundestrainer selbst singt ja auch mit, warum eiert er bei dem Thema so rum, wenn es um die Spieler geht? Es ist doch beschämend, wenn andere Nationen andächtig mit der Hand auf dem Herzen ihre Hymnen singen, und unsere Millionäre stehen da mit einem Gesichtsausdruck wie ein Feuermelder und denken: „Was machen die denn da?" Ich empfinde das als einen Affront gegen mich ganz persönlich, wenn sie unseren Adler auf der Brust tragen, sich von uns ihre Bankkonten füllen und die Euro bis zum Stehkragen reinschieben lassen und sich weigern, unsere Hymne mitzusingen. Denken diese Bübchen wohl jemals darüber nach, wie schwer es vielen der Zigtausend Stadionbesucher fällt, das Eintrittsgeld aufzubringen und wie sie dafür arbeiten müssen, dass diese Bübchen in Saus und Braus leben und als Stars und Helden des Rasens gefeiert werden? Denken sie jemals darüber nach? Das ist ohnehin das größte Manko unserer Gesellschaft, dass zu wenig darüber nachgedacht wird, wer eigentlich wen bezahlt. Wenn der Bürgermeister mit dem Geld aus der Stadtkasse sogenannte Swap-Geschäfte gemacht hat und später sagt: „Ich übernehme die volle Verantwortung," dann hindern Sie ihn nicht daran. Nehmen Sie ihn beim Wort. Man kann nicht einfach mit fremdem Geld ungestraft Monopoli spielen. Wünschen wir ihm, dass er gegen den Millionenschaden angemessen versichert ist und lassen wir uns nicht blenden durch dieses Geschwätz von schlechter Beratung, von Einsprüchen und Klage gegen Banken. Das soll der mal schön machen und auch die Anwälte dafür aus seiner privaten Kasse bezahlen, der das verursacht und veranlasst hat. Ich sprach eben davon, wer wen bezahlt. Sind Sie sich wirklich dessen an jedem Tag voll bewusst, dass Sie es sind, der die gesamte Vertretung von Bund, Land und Gemeinden finanziert? Dass die Damen und Herren den Auftrag haben, auf Ihre Kosten und zu Ihrem Wohle tätig zu werden? Besagte Damen und Herren scheinen das gerne zu vergessen und zu verdrängen, auf wessen Kosten sie da ihre Hintern breitsitzen. Wenn ich die teilweise unerträgliche Arroganz einiger Staatsdiener sehe, möchte ich sie schon fragen: „Wer bezahlt Sie eigentlich?" Wie oft ducken wir uns vor der Arroganz und Frechheit unserer Obrigkeit, ohne darüber nachzudenken, dass diese Herrschaften von uns den bezahlten Auftrag haben, in unserem Sinne tätig zu werden. Wenn Sie das an ihrem Arbeitsplatz nicht tun, schmeißt man Sie raus. Das klingt wie ein schlechter Witz, aber warum schmeißen wir den Finanzbeamten nicht raus, wenn er frech, ungerecht und unsachlich wird? Er hat seinen Posten auf unsere Kosten, soll da nach bestem Wissen und Gewissen seine Pflicht erfüllen. Das müssen wir doch auch! Meine Damen und Herren, der Staat sind wir und nicht die Beamten, die sich allzu gerne dafür halten und sich gelegentlich an ihm zu bedienen versuchen, als sei unser Staat ihr

Selbstbedienungsladen. Wenn die Herrschaften diese Realität nicht kapieren, dann müssen wir sie rausschmeißen, dann sind sie für den Posten ungeeignet. Wir bezahlen die Leute dafür, dass sie unsere Interessen vertreten und nicht ihre eigenen. Denken Sie mal heute Abend darüber nach. Ich bin der Staat! Das Volk ist der Staat! Das gilt auch für die Bundesländer. Die Damen und Herren haben auch dort kein Recht, mit unserem Geld Monopoli zu spielen und das Geld aus dem Fenster zu werfen, wie es ihnen beliebt. Sie bekommen die finanziellen Mittel, um unsere Interessen damit zu vertreten. Ich glaube, es wird Zeit, dass wir denen das mal sehr deutlich sagen! Die vergessen das! Frau Ministerpräsidentin, Herr Ministerpräsident, das ist nicht Ihr Geld, das sie da zügellos verplempern, das gehört uns allen, mir genauso wie meiner Nachbarin und dem Hartz IV-Empfänger von gegenüber. Und Sie kriegen von uns Ihr Gehalt, Frau Ministerpräsidentin,

Herr Ministerpräsident, damit Sie ordentlich und nach bestem Wissen und Gewissen mit den Ressourcen umgehen. Das können wir uns leider nicht mehr länger mit ansehen, wie Sie unser Tafelsilber verhökern. So ähnlich müssten wir es denen sagen, sonst meinen sie letztendlich noch, sie würden alles richtig machen. Oder, was mindestens genauso schlimm ist, sie denken, mit den Doofen kann man das doch machen. Und da fürchte ich manchmal, so ganz unrecht haben sie mit der Meinung nicht….
Haben Sie schon einmal darüber nachgedacht, dass die Leute, die in der Regierung Ihre Interessen vertreten, dafür keine Ausbildung brauchen? Ein Politiker braucht keine Ausbildung! Die sind ja auch beliebig austauschbar. Es reicht, wenn sie Lust dazu haben. Da wird der Verkehrsminister zum Finanzminister, der Verteidigungsminister zum Verkehrsminister, die Familienministerin zur Gesundheitsministerin usw. Wer Lust

hat, kann Landwirtschaftsminister werden. Wie eine Kuh aussieht, kann er sich ja dann immer noch in Ruhe irgendwo auf einer Wiese angucken gehen. Wenn er den Posten erst mal hat, dann hat er ja Zeit genug dazu. Stellen Sie sich das mal in anderen Berufen vor. Dann bohrt Ihnen der Schreiner in den Zähnen rum, der Metzger nimmt Ihnen den Blinddarm raus. Obwohl er dazu wenigstens noch eine gewisse Berufserfahrung hätte, was man von den Ministern nicht unbedingt sagen kann. Ich hab ja ein paar Jahre meines Berufslebens dem öffentlichen Dienst angehört. Das glauben Sie gar nicht, was man da erlebt. Haben Sie schon mal was von einem Haushaltsplanansatz gehört? Das müssen Sie sich so vorstellen: Da schreibt ein Beamter einen Ausgabeposten und dazu einen Betrag auf ein Papier. Angenommen, er schreibt „Schreibmaschinenfarbbänder" und „5.000 Euro". Das bedeutet dann, dass man für 5.000 Euro Schreibmaschinenfarbbänder im

Laufe des Jahres zu kaufen gedenkt. Nun ist das Jahr rum. Und der Beamte, er ist ja nicht dumm und will ja seinen schönen Mittelansatz, so nennt man das, nicht verlieren, schreibt auch für das nächste Jahr wieder in den Haushaltsplan „Schreibmaschinenfarbbänder" und „5.000 Euro". Inzwischen wurden aber sämtliche Arbeitsplätze der Schreibkräfte von Schreibmaschinen in Laptops und Drucker umgerüstet. Das hat zur Folge, dass man zwar Druckerpatronen, aber keine Schreibmaschinenfarbbänder mehr braucht. Was passiert nun? Ende des Jahres liegen immer noch für 5.000 Euro Schreibmaschinenfarbbänder auf Lager. Und der Beamte, da er ja lesen kann und seinen Mittelansatz hat, kauft wieder für 5.000 Euro Schreibmaschinenfarbbänder. Jetzt hat er also schon für 10.000 Euro Schreibmaschinenfarbbänder da liegen.

Und wenn Sie jetzt glauben, im dritten Jahr danach würde im Haushaltsplan nicht wieder stehen

„Schreibmaschinenfarbbänder" und „5.000 Euro", dann haben Sie vom öffentlichen Dienst überhaupt keine Ahnung….

Und wenn Sie jetzt meinen, ich hätte mit der Erzählung übertrieben, muss ich Ihnen leider auch sagen: Das habe ich leider nicht! Ein städtisches Krankenhaus, mit dem ich beruflich zu tun hatte, das hatte für 50 Jahre Preiselbeeren auf Lager – und kaufte gemäß Mittelansatz im Wirtschaftsplan weiterhin Preiselbeeren, und ein Sportamt bestellte sich neue Möbel, nachdem es gerade neu eingerichtet worden war. Und glauben Sie ja nicht, es würde sich hierbei um Ausnahmefälle handeln. Das ist Planwirtschaft und höchster Dilettantismus mit Ihrem Geld, liebe Bürger dieser Stadt, dieses Bundeslandes, dieses Staates! Ich finde es richtig lustig, wenn Beamte sagen, sie wollen eine leistungsgerechte Bezahlung. Das sollten sich einige besser nicht wünschen. Die Parlamentarier wissen schon, warum sie sich selbst die Bezüge festsetzen. Das ist doch auch eine Posse, dass unser Parlament in der heutigen Zeit noch selbst die Höhe seines Einkommens bestimmt. Es ist nicht zu begreifen, dass so etwas über so viele Jahre hinweg funktionieren kann und nicht abgeschafft wird. Sie müssen sich das mal analytisch durch den Kopf gehen lassen, was da tatsächlich passiert. Die Bürger beauftragen einige aus ihren Reihen mit der Wahrnehmung ihrer Interessen. Und die Beauftragten nehmen sich von dem Geld der Bürger dafür so viel wie sie haben wollen. Das ist nicht zu fassen, oder? Das funktioniert aber! Warum sagen wir nicht: „Hä! Das ist unser Geld! Finger weg! Jetzt bewerten wir mal Ihre Leistung und dann sagen wir Ihnen, was wir bereit sind, dafür auszugeben. So funktioniert das. Wenn ich einen bitte, mein Auto zu waschen, kann der auch nicht einfach ein Vermögen von meinem Konto abheben. Und wer sich um das Unkraut in meinem Garten kümmert, hat auch nicht freien Zugriff in meine Brieftasche.

Wo kommen wir denn da hin?" Aber nein, wir sind zu blöde, wir machen nichts. Nehmt, nehmt so viel ihr brauchen könnt und jedes Jahr noch ein Schüppchen drauf…

Mein Hörer

Ich bin ein Radioredakteur,
genau gesagt, beim WDR,
nach Sendeschluss so gegen vier
trink ich mir gerne noch'n Bier.
Da sagt der Mann am Tresen:
Der Hörer heute, das bin ich gewesen.
Ich sage so zum Spaß:
Ach, schön, Sie waren das?

Wörter, die man kennen muss

Die Nachbarin heißt Satansbraten,
wie soll man sie sonst nennen?
Jedoch beim Kreuzworträtselraten
muss man andere Wörter kennen.
Der Hengst von Siegfried, der heißt Grane,
was man alles so lernt im Leben,
dabei hat es den nie gegeben.

Der Anruf

„Onkel Heinz, wie geht's?"
„Nicht so gut."
„Okay! – Was macht die Tante?"
„Die ist im Krankenhaus."
„Okay! – Und du?"
„Kreislaufprobleme."
„Okay! – Was macht die Arbeit?"
„Ich bin entlassen worden."
„Okay!"
„Hör mal zu, du Rotzlöffel, was ist daran okay???"
„Bitte? Wie meinst du das, Onkel Heinz?"
„Was ist daran okay, dass es nicht gut geht, dass die Tante im Krankenhaus ist, dass ich Kreislaufprobleme habe, dass ich arbeitslos bin??? Was ist bitteschön daran okay???"
„Wie bist du denn drauf?"
„Ach, sag mal, was macht eigentlich dein Abitur?"
„Hm! - Durchgefallen."
„Das ist völlig okay, Junge! Das ist ja sowas von okay!!!"

Geschöpft

„Ich schickte dich doch mit den
Töpfen
aus dem Brunnen Wasser schöpfen.
Was hast du geschöpft, was hast du
gemacht?"
„Ich schöpfte erst Hoffnung und dann
den Verdacht.,
du betrügst mich mit dem Gärtner,
dem Polen.
Dann soll der dir doch das Wasser
holen."

Zyprer

Zypriot, das darf man sagen,
weil Zypriot kein Schimpfwort ist.
Zypriot, der kommt aus Zypern,
falls du dir nicht ganz sicher bist.
Und Zypern, das ist eine Insel
ganz weit weg im Mittelmeer,
dahin fährt man noch viel länger
als nach Bochum-Langendreer.

Reporter S.

Haben Sie auch den Fußballkrimi bis zum Elfmeterschießen gesehen? Meine Güte, war das spannend! Und Reporter S. hat einen Rundumschlag gemacht, was und wen der alle in Versuchung geführt hat. „Er hat die Verteidigung versucht." „Er hat den Ball versucht." „Er hat den Gegner versucht." „Er hat sich versucht." – Ja, auch sich selbst wollte einer in Versuchung führen. Warum erwähne ich das? Weil es in allen Fällen hätte heißen müssen: Er hat versucht Komma…..Aber nehmen Sie das bitte jetzt nicht so wörtlich, dass Sie das Komma mitsprechen, Herr Reporter. Das Komma schreibt man nur hinter „Er hat versucht". Ich weiß, ich hatte das Thema schon an anderer Stelle. Aber es lohnt sich ja auch, einmal darüber nachzudenken, bevor auch noch andere in die Versuchung kommen.

Bertrand Russell

Philosoph Russell hatte recht, wie ich find,
dass die Dummen sich so sicher
und die Gescheiten voller Zweifel sind.

Mut und Feigheit

Peter Ustinov war ein kluger Mann,
ich schließe mich seiner Meinung an,
Mangel an Einsicht sei oft der Grund zum Mut,
während die Feigheit auf guten Informationen beruht.

Ja dann!

Sie redete wie ein Wasserfall,
dagegen bin ich ein Stummer,
und nach dem ganzen Redeschwall
gab sie mir ihre Festnetznummer.
An der Vorwahl wurde mir dann klar,
dass sie aus Schwetzingen war.

Oliver Welke im DFB-Trikot

Wussten Sie, dass der Oliver Welke bei der Fußball-EM mitgespielt hat? Ich hätte das auch nicht geglaubt, wenn ich es nicht selbst im Fernsehen gehört hätte. Er ist gegen Italien auch im Viertelfinale eingewechselt worden. Oliver Kahn als Experte hat ihm gesagt: „Da musst du doch näher am Mann stehen", und Oliver Welke hat dem nicht widersprochen. Er hat auch nicht gesagt, dass er nicht mitgespielt hätte, als Oliver Kahn ihm gesagt hat: „Du musst in so einem Spiel hellwach sein". Nur, als der Oliver Kahn ihm sagte: „Du musst dich als Trainer auf so einen Gegner einstellen," da habe ich mich doch sehr gewundert, dass der Oliver Welke als Spielertrainer bei der EM war. Bis dahin war ich der Meinung, der Herr Löw wäre deutscher Nationaltrainer. Nein!!! Das war auch der Oliver Welke. „Du hast als Trainer ja auch die Verantwortung…" sagte der Oliver Kahn. Jaja, der Oliver Welke war der Trainer, der

Torwart, der Libero und hat auf allen Positionen gleichzeitig gespielt, sagt der Oliver Kahn. „Da musst du als Schiedsrichter auch mal die Karte zeigen." Schiedsrichter war der Welke in dem Spiel auch? Na so ein Tausendsassa!!! Aber Torpfosten und Eckfahne war er nicht, Olli!

Letzte Zahlungsaufforderung

Wenig geehrter Herr Meyer,
ach was, Sie sind eigentlich gar kein Herr. Sie sind ein ganz linker Vogel. Und dabei beleidige ich wahrscheinlich auch noch die Vögel. Seit vier Wochen warte ich darauf, dass Sie endlich meine Rechnung begleichen. Aber Sie mieser Zeitgenosse haben es vermutlich von vornherein darauf abgesehen gehabt, sich eine kostenlose Lieferung zu erschleichen. Mit mir nicht! Mit mir nicht, Sie ausgekochter Hund! Ich werde mir das Geld holen, verlassen Sie sich darauf. Sie werden sich noch wundern!!!
Solchen Banausen wie Ihnen werde

ich schon das Handwerk legen, Sie,
Sie, Sie!!! – Moment mal, meine
Sekretärin sagt mir gerade, dass wir
Ihre Zahlung übersehen haben. Das
Geld ist schon auf unserem Konto?
Da haben Sie aber noch mal Glück
gehabt. Dann ist das hiermit erledigt.
Hochachtungsvoll
Ihr
Karl Käsemann-Schluppenberger

Die Heringslüge

Es gibt gar keinen Hering. Das ist
nur eine freie Erfindung des
gleichnamigen Bismarcks.

An der Bushaltestelle

Die Amerikaner sind schlecht
beraten,
die an der Bushaltestelle stehn
und auf den Kolumbus warten.

Unbrauchbarer Moderator

Ein Alter war verstorben
und einer pensioniert,
Franz hatte sich beworben,
weil er gern Reporter wird.
Jedoch der Chef vom Sport
schickte ihn wieder fort:
„Zum Knipser sagt er Stürmer,
zur Pille sagt er Ball,
den können wir nicht gebrauchen,
der spricht uns zu normal!"

Wasser

Ob aus dem Wasserhahn,
dem Fluss oder dem Fass,
das kostbarste Gut der Erde,
das ist das Göttliche Nass.

Dritte Generation

Wenn alte Säcke junge Mädchen
sehen,
mit wunderbarer Traumgestalt,
dann sollten sie sich eingestehen:
„Für die ist selbst mein Sohn zu alt."

Zensuren

Wenn wir uns selbst Zeugnisse
schreiben würden, wären die
Beurteilungen viel besser.

Andere Zeiten

Ich weiß, Sie waren mal ein Star,
als die Erde noch eine Scheibe war.

Preiswertes Eigenheim

Wenn Sie im Winter Steine klauen,
können Sie sich im Sommer ein
Häuschen bauen.

Wunsch

Ein Jahr alle ohne Handy,
das wär doch mal trendy!

Garnsorten

Häkelgarn,
Stickgarn,
Strickgarn,
Nähgarn,
Webgarn,
Seemannsgarn,
Ungarn.

Flüchtlinge

Auch Pflichtlinge haben Pflichten,
darauf kann man nicht verzichten.

Führerschein auf Krankenschein

Ohne zu blinken aus dem
Kreisverkehr,
wo hat der seinen Führerschein her?

Das Reiskorn

Ich habe mal ein einziges Reiskorn
gegessen

und werde nie das Gefühl
vergessen.
Natürlich wird man davon nicht satt,
aber das Gefühl, das man hat,
die Nahrung zu schätzen,
das kann kein Überfluss ersetzen.

Am 7. Juli 2016 im Bundestag

2016 Jahre unserer Zeitrechnung
brauchten die Deutschen, um
festzustellen, dass ein Nein auch
„Nein" heißt. Das ist doch ein
intelligentes Volk!
Na gut, so ganz einfach war das
natürlich nicht herauszufinden. Das
musste ja erst mal thematisiert
werden. Also, genau genommen, ist
man ja erst auf die Idee gekommen,
als in Köln ein paar Mädchen von
fremden Männern befummelt und
beklaut worden sind. Und als man da
zu dem Ergebnis kam, dass die
Mädchen das gar nicht wollten, da
stellte sich uns Deutschen natürlich
die Frage: Durften die Männer das
dann überhaupt? Hat da nicht sogar

ein Mädchen „nein" gesagt? Und daran schließt sich ja die Frage an: Was hätte das Nein dann bedeutet? Messerscharf in vielen Wochen nachgedacht, kam der Verdacht auf: Das Nein könnte ja Nein heißen!!! Das ist so wichtig, dass man das mal thematisieren muss, dachten die Deutschen. Und kamen zu dem Ergebnis: Das ist doch mal eine wichtige Frage! Der langen Rede kurzer Sinn, das gehört in den Bundestag. Da sitzt ja die gesamte deutsche Volksvertretung, und die soll mal sagen, was Nein eigentlich heißt. Nun halten Sie sich fest! Die kamen einstimmig zu dem Ergebnis „Nein heißt Nein!" Ja, das gab tosenden Beifall, kann ich Ihnen sagen.

Jetzt sind wir natürlich alle gespannt, in welchem Jahrtausend sie erkennen, was ein Ja bedeutet. Oder ein Vielleicht. Oder Knalltüte. Ja, genau, was bedeutet eigentlich Knalltüte? Da sollte mal jemand einen Antrag einbringen, das zur Diskussion zu stellen. Es ist ja noch gar nicht ausgeschlossen, dass Knalltüte auch „Knalltüte" heißt. Aber einstimmig? Da habe ich bei Knalltüte Zweifel. Und ob die da auch so applaudieren? Ach, wir würden das so gerne alle noch erleben!!! Aber trösten wir uns, es geht ja nicht alles von heute auf morgen. Die Neandertaler hätten vielleicht auch gerne schon gewusst, was Nein heißt. Und wir durften das jetzt erleben, wir Glücklichen des 21. Jahrhunderts!!! Nein heißt nein! Das geht doch runter wie Öl. Als wenn man es immer schon geahnt hätte…. Danke, deutscher Bundestag!!! Danke, danke, danke!!! – Ach, da hätte ich eigentlich noch eine Frage: Was heißt eigentlich Danke? - Aber was mich im Nachhinein etwas nachdenklich macht, und das finde ich ehrlich gesagt auch beschämend, haben unsere Volksvertreter das bisher nicht gewusst, dass man fremde Mädchen nicht befummeln und beklauen darf??? Das hätte denen doch längst mal einer sagen können….

Lustlos

Lockenwickler und Arbeitskittel
eignen sich als Verhütungsmittel.

Dumm gelaufen

Er sagte, Phishing wär der Hit
und hatte gar keine Angel mit.

Made in Germany

Sie geben es zu, wie schade,
in Germany ist die Made.

Chillen

Ich würde so gerne mal chillen,
es scheitert ja nicht am Willen,
aber ich weiß nicht, wie man das macht
und hab Angst, dass dann einer lacht.

Typisch deutsch?

Vor den Sommerferien 2016 wurden von der Zeitung WAZ in Essen im Ruhrgebiet sieben Schüler befragt, wie das letzte Schuljahr für sie war. Und hier unkommentiert die 7 Vornamen dieser befragten Schüler: Amina, Sasa, Hanan, Oguzhan, Saphira, Tatenda und Yaren-Esra. Wohlgemerkt, es ging dabei nicht um Ausländer, sondern um 7 befragte Schüler einer Hauptschule. Sie haben es sich verdient, auch hier erwähnt zu werden.
Nachtrag:
Und wer ist am gleichen Tag gestorben? Willi, Hannelore, Herbert, Rolf, Karl-Heinz, Veronika und Hannelore. Sie alle könnten in der guten alten Volksschule neben uns gesessen haben. Auch sie werden nicht vergessen, wie es der Nachruf verspricht.
Mir scheint, es hat sich einiges verändert…

Fußball-EM 2016

Frankreich hat uns ausgezählt,
weil uns zum Neuer ein Neuner fehlt.
Sieger ist, wer Tore macht,
das hat Deutschland nicht bedacht.
Spieler, die den Strafraum meiden,
müssen lernen auszuscheiden.

Träumer

Manche träumen so verwegen,
die Realität hat keine Chance
dagegen.

Das größte Glück

Da sprach der alte Bügelstetter:
„Wenn ich auf Christiane kletter
und Christiane stille hält,
das ist das größte Glück der Welt."
Dabei ist noch erwähnenswert:
Christiane heißt sein Pferd.

Ein Dialog

„Guten Tag, Herr von Goethe."
„Mein Name ist Faust."
„Faust ist doch von Goethe!" –
„Götz von Berlichingen auch, mein Freund."

Kurort paradox

Da fährt man extra in ein Bad,
um zu erfahren, dass es gar kein Wasser hat.
Da stellen sich doch Fragen wie diese:
Baden die hier auf der Wiese?

Do it yourself ist begrenzt

Selbst ist der Mann,
solange er kann,
bis ihm einige von den Dingen
nicht mehr so gelingen.
Und so haargenau
geht es auch der Frau.

Fahrrad macht glücklich

Wenn ich in die Garage geh
und da mein Fahrrad stehen seh,
denk ich: Was für ein Genuss,
dass ich damit nicht fahren muss.
Damit ist der Beweis erbracht,
dass ein Fahrrad glücklich macht.

Neugeborenenstation

Die haben ein Schild gemacht
und sich was dabei gedacht.
„Nur für Neugeborene" stand da.
Weil das ja nicht
 für Wiedergeborene war.

Ein gewisser Herr Sammer

Ein Herr Sammer verlässt den Verein!
Das muss ja unheimlich wichtig sein,
dass jeder darüber spricht und schreibt,
der in der Medienlandschaft seine Blüten treibt.
Hoffen wir, er wird einbestellt

für Wohn- und Arbeitslosengeld,
damit der Arme nicht zum Schluss
noch dursten oder hungern muss.
Wie mag einem Arbeiter zumute
sein,
wenn er liest: Ein Sammer verlässt
den Verein?
Für manchen erfüllte sich der Glaube
an den goldenen Westen mit
gebratener Taube,
während einer, der im Westen an der
Werkbank steht
immer noch treu zur Arbeit geht.
Und ein Sammer lacht;
denn der an der Werkbank hat es
ihm ja erst möglich gemacht.
Das nennt man Solidarität,
die manchmal seltsame Wege geht.

Dumme Blagen

Dumme Blagen spielen Krieg,
Unvernunft kennt keinen Sieg.
Liebe Kinder spielen im Sand.
Dumme Blagen werden auch NATO
und Kreml genannt.

Geld in der Schweiz

Manchen hat es schon berührt,
dass Frau Schwarzer ein schwarzes Konto führt.
An schwarzen Schwarzen haften
manchmal dunkle Machenschaften.

Mehrsprachig

EU = England uit.
Der Erste nahm den Hut.

Frei nach Martin Luther King

Am Getöse der Feinde wird es nicht liegen.
Das Problem ist: Warum haben die Freunde geschwiegen?

Typgerechte Hosen

Ob es den Designer prägt,
dass er Designerhosen trägt,
und was wohl jene dazu sagen,
die Nietenhosen tragen?

Gespräch unter Heringen

„Ich habe abgenommen" sagte der
A-Hering.
„Ich wurde abgenommen"
entgegnete der E-Hering.

Strafe muss sein

Die Regierungen in Spanien und
Portugal können nicht mehr ruhig
schlafen;
denn die EU will sie bestrafen.
Sie hielten die Vereinbarungen nicht
ein,
und Strafe muss sein!
Bitte nicht an Mitdenker weitersagen:
Die Strafen sollen null (!) Euro
betragen!

Niedrige Milchpreise

Die Milch und auch der Bauer,
beide sind jetzt sauer.

Dumme Menschen

Ein Engel spricht am Himmelstor:
„Die Menschen kommen mir komisch vor,
sie halten sich alle ein Teil ans Ohr,
damit laufen sie alle dumm
den ganzen Tag herum."

Wenn du mal ganz, ganz doof bist

Willkommen in dieser Welt! Da liegst Du nun, ein wunderbares kleines Wesen, unschuldig und rein von Gott erschaffen. Und der liebe Gott hat an alles gedacht, was so ein kleines Mädchen schön macht, die kleinen Ärmchen und Hände mit fünf Fingerchen dran, die Füße mit den kleinen Zehen, mit denen Du schon ein bisschen strampeln kannst, ein wunderschönes Gesicht mit einem Näschen, kleinen Ohren und ganz klaren Augen, einfach ein wunderbares Baby! Noch bist Du ein kleines Mädchen, irgendwann wirst Du ein großes Mädchen sein und dann wirst Du zu einer schönen

Frau, unter den Armen und zwischen den Beinchen werden Dir weiche Haare wachsen und Du wirst eine schöne größere Brust bekommen, Männer werden sich für Dich interessieren, weil das so von der Natur vorgesehen ist, dass auch Du eines Tages ein Baby bekommen kannst. Und während aus dem kleinen Mädchen eine Frau wird, kommen auch viele kleine Teufel und sagen zu Dir: „Hey, Deine Haare sind doch nicht schön. Du kannst sie doch färben, mach sie blond, oder rot, oder schwarz, oder mit Strähnchen." Und wenn Du dann mal vergisst, Dich beim lieben Gott dafür zu bedanken, dass er Dich so wunderschön gemacht hat, dann nutzen die kleinen Teufel das aus und reden und reden und reden, bis Du es eines Tages selbst glaubst und Dein schönes Haar in eine andere Farbe verwandelst. Nun musst Du auf Dich aufpassen; denn die kleinen Teufel freuen sich diebisch über ihren ersten Erfolg und sagen: „Hey, die Haare unter Deinen Armen sind nicht schön.

Rasier sie Dir ab. Los, rasier sie Dir ab!" Du zögerst noch, aber dann vergisst Du wieder mal, Dich beim lieben Gott zu bedanken, dass Du so wunderschön bist und rasierst Dir die Haare ab, die Dir der liebe Gott so schön hat wachsen lassen. „Du hast auch zwischen den Beinen Haare," lassen die kleinen Teufel nicht locker, „rasier sie auch ab. Das ist viel schöner! Rasier sie ab! Rasier sie ab!" Und sie haben es längst auch Deiner Freundin erzählt, dass das viel schöner sei. Und wenn ihr doof genug seid, dann glaubt ihr es und rasiert euch die Haare ab. Und schon sind die Teufel wieder da. „Hey, was hast Du für eine Nase? Geh doch zum Schönheitschirurgen, lass sie verändern. Der macht Dir eine richtig schöne Nase." Und Du hast es schon fast vergessen, wie wunderbar Dich der liebe Gott erschaffen hat und dass Du auf alles an Dir stolz und dafür dankbar sein konntest. „Und Dein Busen", fahren die gemeinen Teufel fort, „das ist doch kein schöner Busen! Lass ihn Dir verkleinern oder vergrößern, lass

Dir was einspritzen, lass Dir Polster reinmachen, Du kannst doch einen richtig schönen Busen haben. Lass Dir den Busen verändern! Lass Dir den Busen verändern!" Und wenn Du ganz, ganz doof bist…..
Und ich stehe immer noch staunend hier vor dem Baby. Was bist Du ein wunderbares Geschöpf!!!

Schweigen ist Gold

Freund Franz-Günter Flötemeier
war auf einer Hochzeitsfeier,
er tanzte mit der schönen Braut,
trank zu viel und lachte laut,
fünf Glas Sekt und sieben Bier,
das war mal wieder lustig hier.
Am Tisch sprach er zum Nebenmann,
wie viel er noch vertragen kann
und sagte lachend nebenbei:
„Ich krieg ja Pflegestufe zwei,
obwohl ich mich alleine pflege.
Hoch die Tassen, Herr Kollege!!!"
Der Nebenmann hob seine Tasse:
„Ich bin der Chef der Pflegekasse!"

Meine geliebte Putzfrau

Warum soll ich sie
Reinigungsfachkraft nennen,
wenn wir alle das Wort Putzfrau
kennen?
Wer braucht dieses alberne
Titelgetöse?
Ich geh auch nach wie vor zu meiner
Friseuse!
Und wenn ihr noch so blöd kläfft,
ich kaufe meine Fleischwurst beim
Metzger und nicht im
Fleischereifachgeschäft.
Und nur ein Narr wird sich beklagen,
wenn Sie zur Raumpflegerin
geliebte Putzfrau sagen.
Wenn sie nur hilft, und Sie wollen
sich sowieso wieder trennen,
können Sie sie ja Putzhilfe nennen.
Viele heißen auch Hilfe und müssen
die Arbeit alleine machen,
das ist das Schicksal der
Schwachen.

Esskunst

Nur dem ungeübten Esser
rollen die Erbsen vom Messer.

Abfuhr

„Junge Frau, sind Sie von Sinnen?"
„Junger Mann, Sie spinnen,
was erlauben Sie sich?
Die von Sinnen ist viel dicker als ich
und steht auch nicht auf Männer,
Sie Penner!"

Schweigsam

Eine Frau erzählt gern einem Mann
stundenlang, wie gut sie schweigen
kann.

Es lebe der Sport

Der Arzt sagt, ich soll sportlich sein
und trinke täglich zu viel Wein,
er will mir nichts verschreiben,
empfiehlt nur, Sport zu treiben.
So sitz ich nun vor leerem Glase,
das einzige, was bei mir läuft
und läuft und läuft ist meine Nase.

Schlecht vorbereitet

Herr van Brodekerk hat Schulden,
und für ein paar hundert Gulden
schaut der Gerichtsvollzieher dann,
ob er da wohl was pfänden kann.
Damit der Bursche nichts entdeckt,
wird jeder Wohlstand gut versteckt.
Der schlaue van Brodekerk, der nahm
nur nicht die Rolex von dem Arm,
die er nun leider auch verlor
wie den Brillanten im rechten Ohr.
Klug ist, wer Schmuck nicht anbehält,
wenn der Gerichtsvollzieher schellt.

Künstler-Ehe

Dass sie auseinander gehen,
müssen seine Fans verstehen,
sie ist 40 Jahre alt
und er wird erst 70 bald,
da wird es wieder höchste Zeit,
dass er eine Jüngere freit.

Alles kein Problem

Probleme sind nur deshalb so
beliebt,
weil es für jedes eine Lösung gibt.

Ein riesengroßer Kater

„Was ist das für ein Kater?"
fragte ihn sein Psychiater.
Hoffen wir, dass er versteht,
dass es um Muskelkater geht
und dass dem armen Mann
kein Katzenfutter helfen kann.

Träume
Um die Träume wahrzumachen,
gilt es, erst mal aufzuwachen!

Heldentum

Der wahre Held
verbessert seine eigene Welt.

Karriereleiter

Am Anfang stand mangelhaft,
dann kam die Untersuchungshaft
und endete mit Einzelhaft. –
Na, fabelhaft!

Praktisch denken

Hast du ein dummes Huhn im Bett,
dann wär ein Frühstücksei doch nett.

Mausefalle

Im Tierreich gibt es eine These:
Erst die zweite Maus bekommt den
Käse.

Griechische Rentenzahlungen

Es gilt in Griechenland als erwiesen:
Sokrates kriegt immer noch die
Rente überwiesen.

Kurios

Das Epos Odyssee ist von Homer,
was ich nie verstanden hab;
denn niemand weiß auf dieser Welt,
ob es den Homer jemals gab.

Der Preisträger

Man hat ihm einen Preis verliehen,
das hat er aber nie verziehen,
als mündiger Schwachmat
will er doch einen Award.

Die Zeitung muss es wissen

Zeitungsbericht:
„Der Künstler steht gestern mit
einem seiner Bilder vor dem
Supreme Court in London." –
Ich mach das auch mal! Ich gehe
mal gestern hin und guck mir das an.

Schönes Wochenende

Geht es dir Montagmorgen gut,
bist gut erholt und ausgeruht,
dann falte mal die Hände
und bedanke dich fürs Wochenende.

Und wieder ein Diktator

Diktator in einer Demokratie, -
leider keine Phantasie.
Ich bildete mir ein,
so dumm kann doch ein Volk nicht sein.
Sieh an,
es kann!!!

EU-Antrag aus Schottland

Gewähret mir die Bitte,
in eurem Bunde der Brite.

Ganz wichtig

Was ich noch sagen wollte:
Brot holen, Bier holen und Luft holen,

ist das, was man nicht vergessen
sollte.

Endlich Sommer

Du denkst, das ist ja wunderbar,
endlich ist der Sommer da.
Ein Gejammer, ein Gestöhn,
Menschen haben einen Föhn,
so wie kleine dumme Blagen
laufen sie dir vor den Wagen,
in der Stadt ist Schützenfest,
wo man dich nicht parken lässt,
Vorfahrt achtet keiner mehr. –
Ach, wenn doch wieder Winter wär!

Schützenfest in Hückeswagen

Am Freitag lädt der Schützenverein
alle Senioren zu Kaffee und Kuchen
ein,
und weil der Bergische alles liebt,
was es ohne Bezahlung gibt,
stürmt das Rollatorgeschwader
durch die Stadt
und isst sich an bergischem Kuchen
satt.

Schützenfest-Ausklang

Da kann sich einer von den Alten
nicht mehr auf den Beinen halten,
und weil Schütze mit schießen was zu tun hat,
schießt er besoffen durch die Stadt.

Mail an die Ministerpräsidentin

Es mailte ein frustrierter Knabe,
dass sie einen IQ wie ein Toastbrot habe.
Mit Recht befand das Amtsgericht:
So etwas duldet man hier nicht!
Und weil man so etwas nicht macht,
ist auch die Strafe angebracht.
Aber haben Sie das Schmähgedicht vergessen?
Wird hier mit zweierlei Maß gemessen?
Sehr geehrtes Amtsgericht,
der eine darf, der andere nicht!?

„Fahrer, ich muss mal!"

Ist das ein Brexit im Bus,
wenn einer mal austreten muss?

Darf ich mir was nehmen?

Nimm dir was, mein Schatz,
nimm Platz.

Ehrlichkeit

Der Sprecher sagt:
„Ich sag's euch ehrlich…"
Wenn man nicht lügt,
wär das entbehrlich.

Schimmel

Im Haus ist Schimmel überall
gar nicht gern gesehn,
aber in dem Pferdestall
ist ein Schimmel schön.

Wenn einer eine Reise tut

Jetzt hat sie ihren Willen,
wir sind in den Antillen,
sie bräunt sich hier am Lago
in Trinidad-Embargo.

Liebenswerte Falten

Man kann zu seinen Falten stehn
und zu seinem Bauch,
eine Weintraube ist ja sehr schön,
die Rosine aber auch.

Meinungen

Menschen mit Intelligenz
scheuen auch keinen Dissens.

Uncharmante Gegenfrage

„Wer hat den kleinsten IQ?" –
„Du?"

Terror-Brut

Wer heute über Terror wütet,
der hat das Ei im Schlangennest
zu lange selbst mit ausgebrütet.

Höflichkeitsformen

Danke für die Post, mein Freund,
das ist von mir nicht bös gemeint,
ich werde den guten Stil nicht los:
Du, Ihr. Euch, Sie,
 das schreibt man groß.

Tipp für Biertrinker

Im Spreewald gibt es Landmann-
Bier,
die Adresse märkisch mir.

Opposition

Die Schlussfolgerung ist falsch,
dass ein Opportunist
in der Opposition ein Opossum ist.
Auch wenn einige Äußerlichkeiten
zu dieser Ansicht verleiten.

Leidenschaft

Wer mit Leidenschaft etwas tut,
der macht auch seine Fehler gut.

Freitag

Man kann auch an einem Freitag
frei machen,
ohne sich gleich freizumachen.

Neue Ausdrücke

Impotent
ist die neue Form von dem,
was man Bettflasche nennt.

SMS für Papa

Beim Frühstück schreibt mir unsere
Agnes-Alina-Ella:
„Papa, reich mir mal die Nutella!"

Wenn wir englisch sprechen

Amerikaner können das nicht
verstehn,
wenn wir gut gelaunt zum Public
viewing gehn;
denn dieser Ausdruck heißt genau
in den Staaten Leichenschau.

Die Leiden des jungen Werther

Hätte Goethe meinen Freund Günter gekannt,
hätte er sein Buch „Die Leiden des alten Günter" genannt,
der sicher auch bei Molièr
eine Titelfigur gewesen wär.

Auf dem Verblödungstrip

Wir sind schon so manipuliert,
dass wir glauben,
dass uns Weißbier das Wetter präsentiert.

Zuschauerfrage

Und jetzt gibt es 5000 Euro für Sie:
Ist „Kein schöner Land" ein Volkslied oder eine Furzmelodie?
Rufen Sie jetzt an!
Wir verdienen gut daran.

Erna ist zur Kur

Morgens selbst das Frühstück
machen
und noch tausend andere Sachen.
Welcher Mann weiß solchen Stuss,
dass man Staub auch saugen muss,
welche Ahnung hat ein Mann,
dass man Teller spülen kann?
Leck mich doch mal in die Täsche,
jetzt auch noch die große Wäsche.
Ein Männerleben steht im Stau
ohne seine Ehefrau.

Liegestütze auf dem Altar

Ob für 27 Liegestütze auf dem Altar
700 Euro Strafe preiswert war,
weiß ich nicht so recht,
aber sportlich war das gar nicht
schlecht,
und wie man hört,
hat es den lieben Gott nicht gestört.

Warnung!

Eine Femme fatale
macht Lust zur Qual.

Als und wie

Mehr ist als und gleich ist wie,
aber Puffy lernt das nie,
Deutsch ist für ihn nicht so wichtig,
Puffy glaubt, mehr wie wär richtig.
Was in schlechter Bildung endet,
solange ein Sender sowas sendet.

Querdenker und Mitläufer

Was tragen die da in der Hand?
Ist das etwa ihr Verstand?
Es ist manchmal nicht zu fassen,
bei wem die Leute denken lassen.

Der einfache Weg

Warum willst du mit dem Kopf durch
die Wand?
Hast du die Tür nicht erkannt?

Gemeiner Frauenspruch

Jeder Mann ist einen Euro wert,
der einen Einkaufswagen fährt.

Lehrstunde und Leerstunde

Willst du bis ins Alter glücklich sein,
leg immer mal eine Lehrstunde und
immer mal eine Leerstunde ein.

Unpassend

Der Bischof auf dem Kirchentag
stand da in ganzer Pracht,
ein Mädchen rief:
Ich will ein Kind von dir,
das war nicht angebracht!
Dem armen Mädchen war nicht klar,
dass dieser Mann kein Poppstar war.

Römische Göttinnen

Vertrauen in die Pharma-Industrie
führt manchmal zum Drama. –
Die römische Göttin des Gerüchts
heißt ja darum auch Fama.

Der Weihbischof von Paderborn

„Papa, warum trinkt der Mann da vorn?"
„Das ist der Weinbischof von Paderborn!"

Die passende Antwort

„Eure Putzfrau ist auch nicht so gut, wie ihr seht!" –
„Ich kann dir ja zeigen, wo der Staubsauger steht."

Christlich sein

Christlich sein heißt,
sich zu Gott bekennen,
und nicht,
jeden Tag in die Kirche rennen.

Takt

Der Dirigent kann es kaum fassen,
sein Taktgefühl hat nachgelassen.

Alles Schöne im Leben

Alles Schöne, so definierte es
Mae West einmal,
ist unmoralisch, macht dick
oder ist illegal.

Gelegentliches Denken

Puffy sagt: „Ich denke mal….",
und die Kinder lachen:
„Das musst du öfter machen!"

1, 2, 3, 4, 6 Lehrer und Schülerin

„Nach vier kommt fünf, du kleine
Maus!" –
„Nee, nach vier kommt Sex,
da kommt mein Freund nach Haus."

Selbst schuld

Dass er sie als Eva sehen kann,
dafür zahlte er viel Geld.
Sie bot ihm einen Apfel an,
das hat ihn sehr verprellt.

Schmutziges Geschmiere

Ordinäre Schmiere
ist keine Satire.
Auch wenn das manche
Sendeanstalten
nicht mehr auseinanderhalten.

Die Dicke

Er hat sie aus dem Club der Dicken
gekannt
und sie liebevoll Quadratwurzel
genannt.
Sie haben sich so geliebt,
wie es das bei Dünnen wohl gar
nicht gibt.

Schweine können nicht krähen

Es hat kein Schwein nach ihm
gekräht.
Was wisst ihr denn, wie es ihm geht?

In London

Guck mal da, Kevin,
„Outdoor, shoes and more",
hast du gewusst, dass die Engländer
perfekt Deutsch können?

Das ist schön

Es ist eine runde Sache, wenn die
Rundeste in einer Frauenrunde
eine Runde gibt.

Bitte keine Blumen

Blumen im Rathaus stören,
weil sie nicht in Schlafräume
gehören.

Wir waren auch schon mal jünger

Man wird alt.
Petrus war auch mal Jünger.

Frauenbewegung

Die Frauenbewegung hat ihren
Nutzen,
wenn Frauen zu Hause
bügeln und putzen.
Bewegung ist gesund
und verhindert Muskelschwund.

Emanzipation

Die Gleichberechtigung der Frau
finden auch die Männer schlau;
denn es sagt ja schon das Wort:
Gleich, aber nicht sofort.

Kastraten

Ob wohl das Bellen heller wird,
wenn man seinen Hund kastriert?

Annektierung der Hilde

Wenn er die Hilde annektiert,
ob sie dann die Krimhilde wird?

Türken-Demo

Liebe Türken, was ihr tut,
ist ja im Prinzip ganz gut,
demonstriert ruhig für Erdogan, -
ihr müsst nur vorher nach Istanbul
fahrn!!!
Und bitte keine Rückfahrt buchen;
denn hier hat sowas nichts zu
suchen.
Das passt nicht zu den freien
Staaten
mit Christentum und Demokraten!

Dat steht dich

„Sag mal'n Satz mit stetig."
„Steht dich aber gut,
der neue Hut."

Danach

„Und wenn ich die Pille danach nicht
hätte?" -
„Dann nähme ich wieder die
Zigarette."

Im Drogeriemarkt

Die rasieren sich den Po,
ich lach mich tot,
Aftershave im Angebot.

Deutliche Symptome

Wenn du nicht mehr trinkst und rauchst,
nicht mehr zu verhüten brauchst
und die Füße werden kalt, -
mein lieber Freund, dann bist du alt.

Carpe diem

Es lohnt sich nicht,
gesund zu sterben
und Erspartes zu vererben.

Sowas tut man ja auch nicht

Als er mit dem Kurschatten schlief,
wurde sie zum Azorentief.

Das Poem

Ich hätte so gerne ein Poem
geschrieben,
aber es ist nur bei einem Gedicht
geblieben,
obwohl sie jeden Zyklus so nennen,
den die Russen von mir kennen.
Manchmal male ich mir aus,
die Russen wären uns voraus.

Im Fischlokal

Hat der Schellfisch schon geschellt?
Ich hab'n Sistering bestellt.
Den kennen Sie nicht, mein Bester?
Das ist doch Bratherings Schwester.

Der junge Mann mit der Mütze

Guckt mal, dieser arme Tropf,
hat die Mütze falsch rum auf dem
Kopf,
den ganzen Körper leicht geneigt
mit einem Mützenschirm, der nach
hinten zeigt.
Wenn ich mir eine Mütze kauf,
dann setze ich sie doch richtig auf.

Mag sein, dass er nur rückwärts geht
und darum glaubt, dass ihm das
steht.
Für diesen Knaben wäre faktisch
eine runde Mütze eher praktisch.
Bei runden Mützen fällt auch nicht
der Kopf darunter so ins Gewicht.

Es ist nicht alles Käse

Ein kluger Mann vertritt die These:
Nicht jeder Käsefreund liebt die
Askese.

Vollbusig

Er hat mit der Brust von seinem
Huhn
beide Hände voll zu tun.

Verrückte

Verrückte gibt's mehr als gedacht.
Lass sie nur nicht an die Macht.

Streithammel

Sucht da draußen einer Streit,
entwaffne ihn mit Freundlichkeit.

Flüchtlingsdebatte

Straft die Zyniker ihrer Lügen,
keiner flüchtet zum Vergnügen.

Abendmahl

Das Abendmahl
heißt Abendmahl;
denn das gibt es auch
zum Abend mal,
aber es gibt auch am Morgen mal
ein Abendmahl.

Werbelüge

Da behauptet eine Jette,
dass ne Salbe und Tablette
ihr schon mal geholfen hätte.
Geholfen hat ihr nur das Geld,
das sie für den Spruch erhält.
So belügt man diese Welt.

Schlechte Vorbilder

Man zeigt den Menschen wie ein Schwein,
und die Jugend meint, man muss so sein.
Doch eines dabei stimmt mich froh:
Die Schweine sind ja gar nicht so.

Die Millionenfrage

„Und jetzt geht es um eine Million.
Das Thema ist klassische Musik.
Sind Sie bereit?" – „Ich bin bereit!"
„Das Land des Lächelns ist von?"
„Lehar!" „Aida ist von?" „Verdi!" „Die schöne Müllerin ist von?" „Schubert!"
„Carmen ist von?" „Bizet!"
„Schwanensee ist von?"
„Tschaikowski!" „Tannhäuser ist von?" „Wagner!" „An der schönen blauen Donau ist von?" „Strauss!"
„Die Szárdásfürstin ist von?"
„Kálmán!" „Die Zauberflöte ist von?"
„Mozart!" „Cosi fan tutte ist von?"
„Auch Mozart!" – „Das ist leider falsch!!!" – „Cosi fan tutte? Ist von Wolfgang Amadeus Mozart!" –

„Mozart stimmt! Aber Sie haben gesagt: *auch Mozart* und *auch Mozart* ist leider falsch. Schade, es wäre die letzte Frage gewesen...."

Schöne Selbstgespräche

Manchmal rede ich mit mir,
und dann lachen wir beide hier.

Kein alter deutscher Adel

Als sie den kleinen Bayern sahn,
da nannten sie ihn Bayarsaikhan.
Das Baby ist kein Madel
und auch kein deutscher Adel.
Die Augen sind ganz schlitzig
und blinzeln schon so witzig.

Logik

Meine Eltern sagten mir:
„Diese Frau passt nicht zu dir,"
und da wusste ich genau:
Das ist die ideale Frau!
Später wurde ihnen klar,
dass der Sohn sehr glücklich war.

Handicap

Schwule aus Hinterzarten
dürfen bei den Paralympics starten.

Wir bei Olympia

An Medaillen haben wir kein
Interesse,
dafür aber vorher die größte
Fresse.
Schade, da nehmen Deutsche teil,
die sagen: „Das ist megageil!"
Wir sind ja nicht kleinlich,
aber das ist furchtbar peinlich!

Sodom und Gomorra

Sodom und Gomorra
bis zur Übelkeit,
in Amsterdam heißt das Europride.
Schwule haben ihren Spaß
und unser Bildungsfernsehn
sendet das.

Der Pastor aus Mannheim

Er trinkt den Saft der Trauben
und sagt: „Wir sind Brüder und
Schwestern im Klauben."

Gottvertrauen

Gott lässt es mich noch schwanen,
ich brauche Alter und Tod nicht zu
planen.

Du hattest es in der Hand

Willst du die Liebe mit ihm genießen,
darfst du ihm nicht die Tür
verschließen.
Für den Liebsten deiner Wahl
gibt es nicht das zweite Mal.

Plattdeutsch

Man sah am BH,
dass sie plattdeutsch war.

Am falschen Ort

Müsst ihr denn zum Friedhof gehn,
um da so blöde rumzustehn,
zu quatschen und zu lachen?
Könnt ihr das nicht auf der Kirmes
machen?

**Der Krankheitsverlauf
bei einem Russen**

Iwan kommt aus Kasachstan. Nicht jeden Tag, sondern früher hat er dort gelebt, bevor er nach Deutschland kam. Iwan macht bei mir Gartenarbeit. Genauer gesagt, die grobe Gartenarbeit, Wege hacken, Rasen mähen, Hecken schneiden. Für die feine Gartenarbeit hat ein Mann aus Kasachstan die falschen Gene. Wenn er auch die Beete pflegen soll, ist der Schwund sehr hoch, die Veilchen sind nicht mehr da und der Spalierbaum mit den köstlichen Äpfeln auch nicht. Für diesen Montag hatte er sich zum Rasenmähen angesagt. Um neun

Uhr rief Iwan an. „Ich kann nicht kommen, meine Hüfte ist kaputt." Bei deutschen Bürgern und Patienten weiß man, was das bedeutet. Zuerst zum Hausarzt. Dann zum Orthopäden, dann ins Krankenhaus zur Hüft-OP. „Ich hab Samstag hundert Prozent genommen, war besser," erzählte Iwan. Ich habe nicht gefragt, was hundert Prozent heißt. Vermutlich ein Medikament. „Sonntag hundert Prozent genommen, war besser. – Dann wurde es schlimmer. Geht nicht weg. Ich muss gleich zum Arzt. Hüfte kaputt." „Dann kannst du nicht mehr zu mir kommen und den Garten machen?" fragte ich in der sicheren Annahme, dass sein Anruf darauf hinauslaufen würde. Aber das ist bei einem Russen anders als bei uns. Iwan lachte und sagte: „Quatsch! Ich geh gleich zum Arzt, Spritze in den Arsch und dann ist wieder gut." Ich werde mir die Adresse von dem Arzt geben lassen, für den Fall, dass ich mal was an der Hüfte haben sollte.

Sportreportertechnisch

Vielleicht war es ja für den
komikertechnischen Reporter bei
dem frauentechnischen Spiel zu
spättechnisch, dass er so
dummtechnisch bemerkte, die
Trainerin der frauentechnischen
Mannschaft hätte sich
brillentechnisch sehr verändert.
Völlig logischtechnisch für ihn, dass
er dann schwätztechnisch über eine
Spielerin sagte: „Die hat Auge."
Tja, die Natur arbeitet mit Tricks:
Einer hat Auge, einer hat Hirn,
einer hat nix.

Bauchgefühl

Manchmal ist ein Bauchgefühl
besser als man glaubt
und hilft den Menschen weiter,
als ein weises Haupt.

Japanisch

„Ich höre am liebsten japanische
Fußballkommentare."
„Verstehst du die Sprache denn?"
„Nein, aber die deutsche."

Die Mumie und der Komiker

Man hat in Ägypten eine Mumie
gefunden,
mit einem Schriftstück in der Hand.
Wissen Sie, was auf dem Zettel
stand?
Ich will Sie nicht lange quälen:
Die Witze, die Sie hier erzählen.

Sei großzügig

Geschenke sind niemals verkehrt;
denn Geld hat keinen Eigenwert.
Wie schön, wenn Menschenaugen
strahlen,
auf dem Konto sind nur kalte Zahlen.

NRW

Die Ministerpräsidentin von unserem Bundesland
wird sogar im Vaterunser genannt.
Das hat bis auf die Kraft
vorher noch keiner geschafft.
NRW heißt ja auch im Klartext gelesen:
Nur Rechtschaffende Wesen.

Fäkalientauben

Einer der Fäkalientauben
lästert über Gott und Glauben,
sein Kollege proklamiert,
dass er täglich masturbiert,
und die den Verstand verlieren,
sitzen da und applaudieren.
Das nennt man treffend
„Happy Aua!"
Und die Ästheten reagieren sauer.

Stoffwechsel

Kaufst du Stoff für neue Plünnen,
dann nimm bitte nicht die dünnen,
wenn man dich gegen Licht
anschaut,
sieht man durch bis auf die Haut.
Erstens hast du gar nichts drunter,
zweitens macht das Männer munter,
drittens stören mich die Affen,
die so gierig nach dir gaffen.
Also Kind, wenn man mich fragt:
Stoffwechsel ist angesagt!

Schlagersänger für die Landbevölkerung

Um es auf den Punkt zu bringen:
Wie kann ein Mensch wie Sie
so mutig sein und singen?

Ein Staatsmann

„Ich bin doch kein Despot!"
brüllte der Idiot,
„und nun schießt meine Gegner tot!"

Dann werde ich Millionär

Der Pantoffelheld wollte so gerne auch mal in die Quizsendung. „Da kannst du viel abräumen", hatte doch der Quizmaster versprochen. Sein Hausdrachen führte ihn in die Küche, zeigte ihm den Tisch mit dem schmutzigen Geschirr und sagte: „Das kannst du hier auch!"
Und so wurde auch ihm noch klar, was für ein Geschwätz das war.

Erfindung der Rechtschreibreform

Ein Legastheniker hatte sich lange genug geschunden,
dann hat er die Rechtschreibreform erfunden.

Die Saaldiener

Weil die Saaldiener im Bundestag einen Frack tragen,
muss man nicht Ja zu Fracking sagen!

Dazugehören ist wichtig

Ich halte mir immer in der Stadt ein
Bügeleisen an mein Ohr,
dann kommt es allen, die mich
sehen, wie ein großes Handy vor.

Das machen die Drogen

Wir sind umzingelt von dummen
Sprüchen,
um sich an den Kopf zu fassen,
wie zum Beispiel:
„Die haben nichts anbrennen
lassen!"
Ein Spruch, der so dämlich klingt,
dass ihn der Sprecher gleich dreimal
bringt,
um ja nicht in den Verruf zu
kommen,
er hätte heute noch nichts
eingenommen.

Affenaffinität

Für manche Leute ist es nie zu spät,
die haben noch im hohen Alter
die Bonobo Affinität.

Frau Meier beim Quiz

„Wer legt bei den Ameisen die Eier?"
Da antwortete Frau Meier:
„Wer sollte das schon tun?
Natürlich das Huhn!"

Blasentraining am Geburtstag

Wenn die Leute gratulieren,
lässt sich die Blase gut trainieren.
Meine Blase kennt das schon:
Immer, wenn ich tröpfeln will,
geht bei mir das Telefon.

Ich glaub, der Mensch verblödet aus dem Alltag erzählt....Teil 5

Gestatten Sie mir einen Rückblick ins Jahr 2013. Am 12. April war in Niedersachsen die Eröffnung der Spargelsaison. Ich weiß das so genau, weil ich mit meinem Freund Dr. Christoph Kirchberg den Spargelmarsch geschrieben habe. Christoph die Musik mit Chorbearbeitung und ich den Text.

Ein Chor hatte eigens hierfür den Titel einstudiert, und an diesem 12. April war die Uraufführung. 600 geladene Gäste aus Politik, Wirtschaft und Medien waren zur Saisoneröffnung erschienen. Sowohl der NDR als auch SAT1 rückten mit Fernsehkameras an. Da lässt es sich die politische Prominenz nicht nehmen, ihre geputzten Zähne in die Kameras zu halten. Alles war da. Nur der Spargel nicht! Nicht eine einzige Stange niedersächsischen deutschen Spargels konnte für diesen Tag der Spargelsaisoneröffnung geerntet und somit den honorigen Gästen angeboten werden.

Ja, was ist das denn? Eröffnung der Spargelsaison ohne Spargel! Darauf hätte ich für den Spargelmarsch ja einen ganz anderen Text schreiben können. Damit die Gäste sich zur Saisoneröffnung nicht umsonst auf eine leckere Spargelmahlzeit gefreut haben, ließ man kurzerhand Spargel aus Griechenland einfliegen. Vermutlich sollten die Griechen damit ein bisschen

Wiedergutmachung für unseren Rettungsschirm betreiben. Der NDR zeigte abends nicht nur die Gäste, sondern auch die noch mit Plane abgedeckten Spargelfelder. „Dem Spargel fehlte leider noch die Sonne in diesem Jahr. Er ist noch nicht zu sehen." Da feiern die Niedersachsen doch tatsächlich unsere Spargelsaisoneröffnung mit griechischem Spargel! Ja, warum ist man denn beim Berliner Flughafen nicht auf die Idee gekommen? Er ist doch der Brüller der letzten Jahre schlechthin, was intelligente deutsche Planung anbelangt. Da hätte man sich doch die Blamage auch ersparen können und schon längst die Einweihung des Flughafens feiern können. Ob Spargel oder Flughafen, er muss ja nicht selbst dabei sein. Man hätte doch den Gästen dann ein Video vom Flughafen Düsseldorf mit startenden und landenden Maschinen zeigen können, während sie die Einweihung des neuen Berliner Flughafens feiern. Zu dumm, dass die Berliner nicht auf die Idee gekommen sind. Ich geh jetzt in den Garten und feiere schon mal die nächste Erdbeerernte.... - Oder soll ich schon mal den Weihnachtsbaum schmücken und ein paar Gäste einladen?

Ich lese mal wieder die Zeitung. „Ministerium räumt Fehler bei Abi-Klausur ein." Ja, was soll das Ministerium denn anderes machen, als da einen Fehler einräumen. Da wird im Fach Sozialwissenschaften mit Schwerpunkt Wirtschaft geprüft und die den Prüflingen vorgelegte Klausur ist genau das Gegenteil davon, nämlich Sozialwissenschaft ohne Wirtschaft. Na gut, zumindest hat man ihnen keine Klausur im Fach Religion oder Patentrecht in der Seefahrt vorgelegt. Wussten Sie übrigens, dass in Deutschland eine Verordnung existiert, wonach ein Bundestagsabgeordneter mindestens auf einem Gebiet Kenntnisse haben muss? Das ist kein Scherz! Zurück zur Panne. Das Ministerium NRW teilte nun mit, dass die Aufgaben trotzdem lösbar waren, obwohl sich „einige eine Klausur mit anderen Nuancen gewünscht hätten."

Und die Schulministerin setzt dann noch einen drauf: „Schüler, die das Gefühl haben, die Aufgaben nicht so gut gekonnt zu haben, dürften nachschreiben." In welche Bananenrepublik driften wir eigentlich ab? Als damals der Vorschlag zur Einführung der Mengenlehre kam, hätte man stutzig werden müssen und sämtliche Schulreformen unterbinden sollen.

Spätestens bei der Behauptung, es gäbe auch eine leere Menge, wäre der Dilettantismus noch zu stoppen gewesen. Wer und was sich seitdem hier im Lande im Schulwesen alles zu profilieren versucht, ist einfach unfassbar.

Das ist auch richtig lustig für die Bevölkerung: „In NRW sind seit Juli vergangenen Jahres (bis Anfang April) 377 Gefangene entwichen." Die meisten davon kamen nach dem Urlaub nicht zurück? Hä??? Und der Justizminister verteidigt die Lockerungen. „Qualifizierte

Täterarbeit ist heute der beste Opferschutz." Ja klar, schützen wir doch mal so richtig die Opfer und schicken wir die Täter alle in Urlaub! Die Argumente werden noch lustiger: „Zur Vermeidung von Rückfallquoten ermöglichen die Urlaubstage auch ein Wegbleiben über Nacht." – Hoffentlich buchen sie auch ein Hotel mit Schwimmbad und ein paar reizenden Damen in der Suite. Kann man das, was diese Leute da an Neuerungen einführen, wirklich mit gesundem Menschenverstand auch nur nachvollziehen? Wenn man die Zeitung liest, kommt man sich manchmal so vor, als wenn man in der Einbahnstraße fährt und alle anderen kommen einem aus der falschen Richtung entgegen. Das kann doch nicht normal sein, dass in allen Bereichen nur noch Schwachsinn praktiziert wird und keiner die Notbremse zieht!
Ja, glauben Sie es mir, der Mensch verblödet! Irgendwann krabbeln sie auf allen Vieren wieder zurück ins Meer, diese Reformer…

Im April 2013 protestierten Schüler: Das Mathe-Abitur war zu schwer! Sie schlossen sich sogar zu einer Facebookgruppe mit dem Namen „Protest gegen Mathe-Abiturklausur 13" zusammen. Abiturienten aus Düsseldorf, Duisburg und Emmerich übten Kritik an den Aufgaben und an der Vorgehensweise des Schulministeriums beim Zentralabitur und forderten eine Wiederholungsklausur „zu fairen Bedingungen". Es sei die Frage gestattet: Was sind faire Bedingungen nach Ansicht derer, die Lehr- und Lernziele nicht erreichen? Und damit wären wir wieder bei sechs mal acht ist hä! Wäre das eine faire Bedingung für die Abiturienten, die Frage zu stellen: „Wie viel ist sechs mal acht?" Man könnte es ihnen ja etwas dadurch erleichtern, dass jede Antwort unter hundert als „richtig" gewertet wird. Zumindest lassen dann die Proteste vermutlich bei denen nach, die eine Zahl zwischen eins und neunundneunzig als Lösung nennen. Die dritte Potenz zu vier wäre vermutlich eine

angemessene Millionenfrage in der Sendung „Wer wird Millionär…?" Und da es sich ja um Potenz handelt, wäre nun wohl der Experte in Sexualkunde als Telefonjoker ganz nützlich. Man hat ja auch in solchen Quizsendungen Anspruch auf faire Bedingungen. Wenn schon eine Mathefrage, dann aber bitte aus dem Abiturienten-Schwierigkeitsbereich,
wie zum Beispiel „wie viele Beine hat ein Mensch, der ein Bein verloren hat?" Danke an das Schulministerium, das ist doch mal eine faire Frage. Taschenrechner sind ja erlaubt, oder? „Ach, Herr Oberstudienrat, da hätte ich doch noch eine Frage zu der Aufgabe: Handelt es sich um einen europäischen Menschen, oder kann der auch aus Österreich oder der Schweiz kommen, und reicht für die Lösung eine Schätzung, oder muss das genau stimmen? Ich frag nur, weil ich mich heute nicht so gut fühle. Sonst prüfen Sie mich lieber in einem anderen Fach. Ja, was, das weiß ich jetzt ehrlich gesagt auch

nicht!" Wir können von den Amerikanern noch viel lernen. Weil eine Lehrerin von einer 14-jährigen Schülerin verlangt hat, dass sie anstatt zur Toilette in einen Eimer in der Abstellkammer ihr „kleines Geschäft" machen musste, hat die Schülerin geklagt. Ein Gericht in San Diego hat ihr einen Schadenersatz in Höhe von 1,25 Millionen US-Dollar zuerkannt. Das ist kein Scherz!!!
Ich bin sicher, dafür würden auch deutsche Mädels in den Eimer pinkeln, pfeif aufs Abitur.....

Die Freude am Leben

Schön ist die Freude am Leben,
wenn wir allen Menschen die
Chance dazu geben.
Etwas Liebe, etwas Wärme
und ein Lächeln, das macht schon so reich.
Lasst uns die Freude nur teilen
und bei guten Freunden ein bisschen verweilen,
ein paar Worte, ein paar Träume;

denn die Sonne scheint für alle gleich.
Schreib dir das Glück in den Lebenslauf,
Sonnenschein kommt immer wieder,
setz mal ein fröhliches Lächeln auf,
singe der Welt deine Lieder,
lass jeder Tag für dich Sonntag sein
und teile ihn mit den Freunden.
Oh, ist das schön,
die Freude zu sehn,
es kann keiner bezahlen,
wenn Augen strahlen.
So wunderschön ist die Freude am Leben,
wenn wir unsre Stimmen zum Himmel erheben,
nur ein kleines, frohes Danke;
denn im Himmel, da hat man uns lieb,
auch dich und mich.
Das Leben ist so schön,
wenn wir zusammenstehn.
(Liedertext)

§ 175

Jawoll, man muss die Fehler sühnen,
so fordern jetzt die ganz tief Grünen,
die Schwulen, die im Lande wohnen,
mit einer Zahlung zu belohnen.
Die ganz tief Grünen haben recht,
Normalsein ist ja wirklich schlecht,
am besten wär, Nichtschwulsein wird
verboten!!! -
Wie heißt der Paragraph für Idioten?

In eigener Sache

Mein erster Band ist schon
Geschichte,
die Menschen lieben die Gedichte,
so habe ich mir vorgenommen,
es muss dieser zweite kommen.
Ist das Buch nach Ihrer Wahl,
schreiben Sie mir einfach mal,
doch stimmt es Sie gar nicht heiter,
verschenken Sie es einfach weiter.

Osteopathen

Die armen Osteopathen
wollen auch mal Schweinebraten.
Geh mal hin so dann und wann,
wenn er auch nicht helfen kann.
Er könnte ja für die Beschwerden
der Osteopathenonkel werden.

Vorsehung

Der liebe Gott hat es gewusst,
gib der Eva eine Brust,
dann schaut der Adam sich das an
und hat da seine Freude dran.
Und weil das in die Glieder fährt,
hat die Menschheit sich vermehrt.

Dusche oder Badewanne

Verlässt dich die Ruth
und die Dusche ist kaputt,
dann ruf die Marianne
und legt euch in die Wanne.
Man muss sich nur zu helfen wissen,
dann kann man auch mal was
vermissen.

Mit dem Zug nach Gießen

Er kaufte sich ne Bahncard und ne
Flasche Wein
und fuhr von Mainz nach Gießen;
denn er wollte immer schon
in vollen Zügen genießen.

Suspekt

Sie hat gezeigt, was in ihr steckt,
das fand ich aber doch suspekt,
und ich muss eingestehn:
Was in ihr steckt,
das will ich gar nicht sehn.

Vater-Sohn-Dialog

„Mein Sohn, was du da Sprache
nennst, das spült man sonst ins Klo."
„Ich weiß gar nicht, was du willst,
im Fernsehn spricht man so."

Bedarfswecker

Der neue Bedarfswecker für
Dummies heißt „Must-Haves".
Wenn Dummie das liest,
dann will Dummie das haben.

Der Jungreporter

Er war noch in den Probewochen
und hat wie ein normaler Mensch
gesprochen.
So sprach er über den Athleten
von dessen guten Qualitäten.
Da sagte sein Reporterboss:
Junger Freund, wie sprichst du bloß?
Du musst dich dumm zu reden
trauen,
sag „der hat einen rausgehauen."
So vornehm darfst du uns nicht
kommen,
sonst wirst du noch für
vollgenommen.

Ausgleichstor

„Die Deutschen sind
zurückgekommen!" –
„Waren sie zu Fuß, oder hatten sie
den Bus genommen?"

Ratatouille

Das ist Ratatouille,
warum sagst du pfui?
Sei ein feiner Schmecker,
das ist wirklich lecker.

Thekla

Manche haben Angst vor Spinnen,
ob draußen oder drinnen.
Die Spinne kann doch nichts dafür.
Setz sie behutsam vor die Tür,
du wirst nicht daran erkranken.
Und die Schöpfung wird's dir
danken.

Die Putzhilfe

Meine Putzhilfe kam von 8 bis 10
und hat die Zeit genutzt,
ich hatte noch eine Torte da stehn,
die hat sie restlos verputzt.

Glückslos aus Bayern

Nymphenburger, musse
sprechen so wie Russe,
Russen sagen Rubel,
Bayernopa jubelt
und sagt freigerubelt.

Therese in Holland

Als Therese im vergangenen Jahr
mit ihrem Mann in Holland war,
sprach er: „Liebling, schau da,
die Stadt hier nennt sich Gouda."
„Wie lustig," sprach Therese,
„genau wie unser Käse."

Doppelpass

Abschaffung vom Doppelpass,
ich dachte erst, die machen Spaß,
kommt jetzt vom Özil eine Flanke,
dann sagt der Höwedes nein danke;
denn er hat das gerafft:
Der Doppelpass ist abgeschafft.

Backwettbewerb

Sie hat den Mürbeteig gerührt
und in der Disziplin geführt,
am Ende war sie Neunte,
dass sie vor Rührung weinte.

Weinkönigin

Bei so vielen Beulen
würde jeder heulen,
sie weinte vor sich hin
und wurde Weinkönigin.
Auf Englisch zu erwähnen:
Sie ist Queen of he Tränen.

Schlagfertig

Die Frau, die mir entgegenkam
und mir dabei die Vorfahrt nahm,
die fühlte sich im Recht
und fragte: „Sind Sie noch ganz
echt?"
Schlagfertig kann ich auch mal sein,
ich sagte: „Haben Sie keinen
Führerschein
oder haben Sie was getrunken?"
und hab ihr lächelnd zugewunken.

Dummschwätzervirus unaufhaltsam

Mann, o Mann,
jetzt fangen die im Wetterbericht
auch schon damit an:
„Morgen wird es halt
dafür nicht so kalt."

Schiebebrot

Manche Menschen leiden Not,
kauf öfter mal ein Schiebebrot!

Schulsport

Den Seppel haben sie gefragt,
welche Sportart ihm behagt,
und der Seppel hat gesagt:
„Zum Schwimmen hätte ich mal Lust,
da gibt es hundert Meter Brust."

Olympisches Bogenschießen

Von Lisa Unruh fliegt der Pfeil,
der Komiker brüllt: „Mega geil!!!"
Warum hat er denn nicht den Mut
und sagt ganz einfach: Das war gut!?

Seid nett zueinander

Die Frauen schauen mich glücklich
an, wenn ich zu ihnen sage:
„Ich liebe sie – diese regenreichen
Sommertage.

Wenn es draußen kalt wird

Mit einem nackten Hintern
lässt sich nicht gut überwintern.

Hausarbeit ist Frauenarbeit

Der Mann muss hinaus
Ins feindliche Leben,
muss wirken und streben
und pflanzen und schaffen,
erlisten, erraffen,
muss wetten und wagen,
das Glück zu erjagen.
So, meine Lieben,
hat es schon damals der Schiller
geschrieben.
Und drinnen waltet die züchtige
Hausfrau. –
Und das, liebe Leute,
galt damals wie heute!
Ihr lieben, ihr süßen, ihr weiblichen
Wesen,
ihr solltet mal wieder die Glocke
lesen.

Der Floh der floh

Ein Mann hat einen Floh gezüchtet,
der war des Lebens nicht mehr froh,
da ist er übers Meer geflüchtet,
jetzt ist er ein Wasserfloh.

Dünne gemacht

Meist kommt es anders als gedacht,
wenn sich die Dicke dünne macht.

Open Air

Open Air ist männliche Manie.
Wo bleibt denn Open Sie?

Hundestreifen

Die Bahn plädiert für Hundestreifen.
Das muss man erst einmal begreifen,
da geht es nicht um Zebrahunde,
nein, da gehen Männer ihre Runde.

Was erzählt der Gauck denn da?

Gauck sagt, er kann damit leben,
das Thema Burka aufzugeben.
Man wundert sich doch sehr!
Lebt er denn sonst nicht mehr?

Appell

Saulus wurde zum Paulus.
Hab auch du den Mut,
du bist ein Drecksack,
werde gut!

Danke am Morgen

Ich danke an jedem Morgen,
ich bin geborgen,
ich bin geliebt,
so wie es das Gott nur gibt.

Falsch herum

Die Mutter sprach zum kleinen Fritz:
„Die Unterhose hat'n Schlitz,
und die kleinen Sachen
kannst du da durchmachen."
Da sagte Fritz, der Halbgescheite:
„Mein Schlitz ist an der Hinterseite."
Die Mutter haute das vom Stuhl:
„O je, ich glaub, das Kind ist schwul."

Eltern

Hast du gewusst, mein liebes Kind,
dass auch die Eltern Menschen
sind?

Mein nächstes Buch

Ins nächste Buch schreib ich nichts
rein;
denn das soll mal ein Leerbuch sein.
Das können auch Chinesen
in meiner Sprache lesen. –
Und wenn sie Dusel haben,
verstehn das sogar Schwaben.

Leerer Bildschirm

Ein leerer Bildschirm wär auch mal
beim Fernsehen die bessre Wahl.

Oben ohne

Er hat am liebsten oben ohne,
das macht ihn glücklich, macht ihn
froh.

Warum empört ihr euch denn so?
Er meint doch nur sein Cabrio.

Ohne Führerschein

Für einen, der betrunken fährt,
hat die Fahrschule keinen Zweck.
Was soll der mit einem Führerschein,
den nimmt man ihm ja wieder weg.

Billige Ware

An vielen Dingen klebt das Blut,
man sieht es leider nur nicht gut.
Es lohnt sich schon, zu
recherchieren,
um nicht den Wahn zu finanzieren.

Kinder

Mancher Mensch zerbricht am
Schmerz,
Kinder brechen ihm das Herz.
Das sind die, die sich nicht schämen,
trotzdem das Erbe anzunehmen.

Ich glaub, der Mensch verblödet aus dem Alltag erzählt….Teil 6

Schwester Ancilla Röttger aus Münster erzählte heute Morgen in Kirche im WDR:

Es geht um eine Geschichte. Im Wald geht das Gerücht, der Bär hätte eine Liste, auf der alle Tiere stehen, die sterben müssen. Das machte die Tiere sehr nervös. Bis es der Hirsch leid war. Er ging zum Bären und fragte: „Stimmt es, dass du eine Liste hast, wer alle sterben muss und dass ich auch auf der Liste stehe?" „Ja," sagte der Bär, „das stimmt!" Drei Tage später war der Hirsch tot. Als nächstes Tier wurde das Wildschwein nervös. Also ging auch der große Keiler zu dem Bären und fragte: „Stimmt es, dass ich auch auf der Liste der Tiere stehe, die sterben müssen?" „Ja," sagte der Bär, „das stimmt!" Und zwei Tage später war der Keiler tot. Es verging wieder einige Zeit, da ging der Hase zum Bären und fragte: „Stehe ich auch auf der Liste der Tiere, die sterben müssen?" „Ja," sagte der Bär, „das stimmt!" Doch der Hase fragte: „Kannst du mich denn nicht von der Liste streichen? Ich möchte da nicht draufstehen." „Ja, natürlich," sagte der Bär, dann streiche ich dich von der Liste." – So erging es ausgerechnet dem Hasen, den man einen Angsthasen nennt. Fazit der Geschichte: Wir müssen nur miteinander kommunizieren!!! – Und dann erzählte Schwester Ancilla eine andere Geschichte von einer alten Frau, deren Kinder alles für sie regeln wollten. Bis die Frau eines Tages sagte: „Kann ich das nicht selbst für mich entscheiden?" – Da war die Überraschung groß. „Natürlich, Mutter, natürlich kannst du das auch selbst für dich entscheiden!" Und dann wünschte Schwester Ancilla allen Zuhörern die

Kraft und den Mut, sich von einigen Listen, auf denen wir alle stehen, streichen zu lassen und es mal selbst in die Hand zu nehmen. Es wäre doch immerhin unser eigenes Leben!

Das hat mir so gut gefallen, dass ich es mal meinem Freund Günter gemailt habe mit der herzlichen Empfehlung, einmal in aller Ruhe darüber nachzudenken. Was Selbständigkeit anbelangt, denkt Günter nämlich nicht, er lässt denken. Von seiner Frau, von seiner Tochter, von seinem Schwiegersohn, von seinem Enkel. Alle denken für Günter. Was schlimmer ist: Alle entscheiden für Günter. Er hat auf einmal zwei neue Versicherungen. Der Bengel hat gesagt, damit meint er seinen Enkel, das soll er mal unterschreiben. Der Bengel arbeitet nämlich für eine Versicherungsgesellschaft und braucht Abschlüsse. Dann hat

Günter auf einmal alle möglichen Formen der Verfügung unterschrieben und irgendwo deponiert. „Was hast du denn genau verfügt?" Seine Antwort ist erschreckend: „Ich weiß nicht, ich sollte nur an mehreren Stellen unterschreiben." Die Tochter sagt, wann die Haare geschnitten werden, die Frau wann er raus muss, der Enkel, dass er sein Zimmer ausräumen muss, weil er (der Enkel) die Wände streichen wird. Das macht er zwar dann erst ein paar Wochen später, aber Günter widerspricht nicht. Fast stolz berichtet er mir sogar: „Ich bin ein geduldiger Opa."

Ja, das fehlte mir!!! Als ich ihm heute die Geschichte von Schwester Ancilla aus Münster gemailt habe, schrieb er, dass er mit solchen Dingen wie Glaube und Religion nicht so viel zu tun habe. Er hat das also überhaupt nicht verstanden, worum es dabei geht. Nämlich, dass er auch selbst entscheiden dürfte, welche Formulare an welcher Stelle er unterschreibt und dass er sogar wissen dürfte, was in besagten Formularen drin steht. Dass er selbst entscheiden kann, ob und welche zusätzlichen Versicherungen er braucht. Da kam übrigens nach ein paar Wochen der Bumerang, als er die bezahlen sollte und wieder kündigen wollte, weil ihm wohl jemand gesagt hat, dass er das besser nicht hätte unterschreiben sollen.

Ich erwähne das hier auch mal für alle, meist älteren Leser, die auf irgendeiner Liste stehen. Lassen Sie andere nicht für sich denken und entscheiden, solange ihr Geist und Verstand noch eigene Entscheidungen zulässt. Lassen Sie sich von diesen Listen streichen, wie das Schwester Ancilla aus Münster formuliert hat. Solange Sie geistig fit sind, befreien Sie sich davon und geben nicht anderen das Recht, besser zu wissen, was für Sie gut ist, als Sie selbst. Wenn wir mal restlos verblödet sind und man uns alle entmündigt hat, ist es noch früh genug, dass man uns auf eine Liste setzt und uns das Denken abnimmt. Es ist schlimm genug, wie viele Menschen im Alter an Demenz erkranken. Da sollten wenigstens die, die bei klarem Verstand sind, sich nicht bevormunden lassen. Also runter von der Liste!!! Ich hab in einer weiteren Mail noch einmal versucht, meinem Freund Günter das zu erklären. Ich habe geschrieben, dass mein Sohn mir noch so viele Ratschläge geben kann, ich aber dennoch letztendlich selbst entscheide, was ich tu und was ich lasse. Und ich habe aber hinzugeschrieben, dass wir beide da sehr verschieden sind und ich nicht entscheiden kann, wer es besser macht. „Vielleicht macht es jeder für sich richtig." Dieses Hintertürchen muss ich Günter offenlassen, falls er nicht damit klarkommt, sich seiner Sippe mal mit einer eigenen Entscheidung zu widersetzen. Schade! Wer es noch kann, sollte selbst denken. Sagen Sie doch einfach: „Ich denke mal…" Oder wie der Chefredakteur einer Sportzeitung fast in jedem zweiten Satz sagt: „Ich denke mir…" Ja, wem denn sonst?

Welches Familienmodell bevorzugen Sie? Mann arbeitet Vollzeit, Frau Teilzeit und kümmert sich um Hausarbeit und Kinder. Oder: Mann und Frau reduzieren ihre Arbeitszeit auf 30 Stunden und teilen sich Hausarbeit und Kinderbetreuung. Oder vielleicht: Mann und Frau arbeiten Vollzeit und teilen sich Haushalt und Kinderbetreuung. Viele, viele Fragen wurden in der Presse diskutiert. Wann ist für eine Frau der richtige Zeitpunkt für die

Rückkehr in den Beruf? Bereitet Vereinbarkeit von Familie und Beruf Probleme? Welches Familienmodell bevorzugen Sie? Das sind alles Fragen, die sich um die Kernaussage drehen: Eltern sind enttäuscht von der Familienpolitik! Wir haben wunderbare Statistiken über Befragungen von Vätern und Müttern. Sie alle mögen mir verzeihn, wenn ich sage: S o e i n Q u a t s c h !!!

Und ich nehme die zur gleichen Zeit und wahrscheinlich auch in den nächsten Jahren noch viel diskutierte Frauenquote gleich mit in den gleichen Topf:

S o   e i n Q u a t s c h !!!

Dieses ganze Gerede, Gelaber, Gesabbel hat doch überhaupt keine gescheite Substanz. Die Familienministerin brachte mal eine sogenannte Flexiquote ins

Gespräch. Und als dann doch eine starre Frauenquote von 30% für weibliche Aufsichtsratsmitglieder, verpflichtend ab dem Jahre 2020, beschlossen war, kam die Familienministerin auf die grandiose Aussage: „Bis dahin ist das sowieso automatisch geregelt, - durch die Flexiquote!" Meine Güte, hoffentlich denken die Dilettanten daran, dass man nicht von jeder Aufsichtsratsbesetzung mit 30% zu einer glatten Zahl kommt! Die möchten doch dann von 6 Leuten einen Frauenanteil von 1,8. Aber wo kriegt eine Aktiengesellschaft 1,8 Frauen her? Und was ist, wenn 5 Frauen in dem Aufsichtsrat sind? Dann müssen ja 3,2 Frauen eliminiert werden. Zumindest aus dem Aufsichtsrat. Aber selbst, wenn man das auf- oder abrunden würde, ist das Problem ja nicht behoben. Dann muss die Firma, bei der mehr als 70% Männer im Aufsichtsrat sind, einige gegen Frauen austauschen und die Firma, bei der weniger als 70% Männer sind, muss einige Frauen gegen Männer austauschen. Vielleicht bietet es sich an, dafür eine Aufsichtsratsgeschlechtertauschbörse einzurichten. Oder eine Vermittlungsstelle, die immer von beiden Geschlechtern genug auf Lager hat. Man könnte natürlich auch darauf bestehen, die Stellen nach dem Komma mit Transsexuellen zu besetzen. Vorausgesetzt, die Bisexuellen fühlen sich dadurch nicht diffamiert. Wenn das doch der Fall sein sollte, wäre in einer Kommission zu prüfen, ob man die erste Stelle nach dem Komma mit Transsexuellen und die zweite Stelle nach dem Komma mit Bisexuellen besetzen könnte. Das wäre doch überhaupt die Lösung: 2 Frauen, 5 Männer, 1,8 Transsexuelle und 0,09 Bisexuelle. Ich würde auch dringend vorschlagen, bei den Frauen je die

Hälfte traditionell und die andere Hälfte lesbisch und bei den Männern vielleicht noch ein Drittel traditionell und zwei Drittel schwul zu besetzen. Das muss ja alles seine Richtigkeit haben, sonst riskieren wir ja von vornherein Proteste der Männer insgesamt wegen nicht berücksichtigter Männerquote und Schwule und Lesben ja sowieso wegen Diskriminierung. Es gibt übrigens in allen Bereichen zurzeit überhaupt nicht 30% Frauen, die auch nur annähernd für die Anforderungen qualifiziert sind, um diese Frauenquote zu erfüllen. Es müssten ja zunächst die Voraussetzungen geschaffen werden, bevor man über eine Realisierung diskutiert. Die Alternative wäre, bevor alle verblöden, die dilettantischen Reformer alle wegzusperren und dem Markt und der Gesellschaft die Regulierung zu überlassen, wann, wo und wie viel Stunden Menschen welchen Geschlechtes arbeiten oder gerade damit beschäftigt sind, Kinder zu kriegen und sich um diese auch zu kümmern. Ja, und um die Straßenreinigung und die Reinhaltung der Wälder und Gewässer könnten sich ja dann diejenigen kümmern, die sich jetzt so sinnlos von morgens bis abends mit Familienpolitik und Frauenquote beschäftigen. Und das Schöne daran ist, das wäre sogar nützlich! Können Sie sich vorstellen, dass eine Familie Kinder kriegt und sich selbst um Beruf und Kinder kümmert? Bevor die Verblödung des Menschen einsetzte, war das so! Da fragte man nach dem Geschlechtsakt nicht: Wo kann ich denn jetzt mein Kind abgeben? Da zog man es selbst groß. Ich bin bei meiner Mutter aufgewachsen, stellen Sie sich das mal vor. Und als mein Vater aus der

Kriegsgefangenschaft kam, durfte der mich auch mit erziehen!

Da war kein Onkel oder eine Tante in der KiTa, die überlegten, ob ich mittags eine warme Mahlzeit brauche. Darum kümmerten sich meine Eltern!!! – Ja, da staunt Ihr, was…

So war das früher, bevor aus uns so normale Menschen geworden sind. Das war noch ein Familienmodell, kann ich Euch sagen!!! Da gab es Nestwärme nicht nur bei Schwarzdrosseln, wir hatten die auch…

Lassen Sie mich noch ein paar Worte zur Frauenquote sagen. Wenn man sich dem Thema mit Menschenverstand nähern will, dann müsste man da ansetzen, die Frauen verstärkt über das mittlere Management an solche Aufgaben heranzuführen, sie entsprechend auszubilden und auf die Wahrnehmung ihrer Aufgaben in den Aufsichtsräten vorzubereiten und dafür zu qualifizieren. Natürlich können Frauen das, das steht völlig außer Frage. Aber zurzeit sind sie mit der erforderlichen Qualifikation am Arbeitsmarkt nicht vorhanden. Dass man trotzdem hier die Forderung nach 30% Frauenquote stellt, macht den Dilettantismus derer deutlich, die sich mit solchen Fragen beschäftigen und zum Teil sogar Entscheidungen treffen können. Das ist beängstigend! Im Übrigen ist es nicht die Aufgabe von Politikern und vom Staat zu entscheiden, wie ein Unternehmen seine Gremien und Organe besetzen will. Ich wäre als Frau beleidigt und würde es mir verbitten, dass da eine Ministerin oder irgendwelche sonstigen unqualifizierten Damen und Herren in der Politik darüber befinden, welche Karrieremöglichkeiten ich habe. Was wäre das denn für eine armselige Gleichstellung von Frau und Mann, wenn die Frauen Emanzipationsvorredner brauchen würden, die sie gegen den Willen der Unternehmen in gehobene Positionen hieven wollen? Das ist beschämend, meine Damen, lassen Sie sich das nicht bieten! Und gestatten Sie mir mal eine Gewissensfrage: Sind Sie überhaupt so besessen darauf, wie es diese Dilettanten darstellen, eine Quotenfrau zu werden? Ich finde, das ist eine bodenlose Beleidigung der Frau!!! Es gibt sowohl Frauen als auch Männer in leitenden Positionen, und es gibt sowohl Frauen als auch Männer, die das gar nicht möchten und sich viel lieber leiten lassen. Das weiß jeder! Zumindest jeder mit Ausnahme dieser dilettantischen Reformer, die eine Frauenquote wollen, die kein Mensch braucht. Und, meine Damen, die große Lüge und Heuchelei dabei ist ja außerdem noch, dass sich an der Unternehmensführung durch Realisierung einer festen Frauenquote überhaupt nichts verändert. Machen Sie doch diesen Menschen den Vorschlag, eine Männerquote für gebärende Mütter einzuführen. Wir können davon ausgehen, dass die Herrschaften sich ein paar Jahre mit dem Thema beschäftigen werden, wenn der Vorschlag erst einmal auf dem Tisch liegt. Haben wir eigentlich schon mal über eine Politikerquote in der Reinigung öffentlicher sanitärer Anlagen nachgedacht? Pro Bahnhofsklo drei Mitglieder des Bundestages wäre doch ein Ansatz….

Sollten wir nicht auch öfter mal wieder darüber nachdenken, dass die Natur Frauen und Männer nicht gleich gemacht hat? Wenn die Frau nicht im gleichen Maße wie der

Mann in handwerkliche Berufe usw. drängt und der Mann nicht im gleichen Maße wie die Frau in soziale Berufe, muss dann jemand eingreifen? Nimmt man uns nicht viel von unserer Lebensqualität, wenn uns immer wieder eingeredet wird, wir hätten weitergehende Ansprüche? Und wenn wir die gar nicht wollen? Wenn die Frau und der Mann mit ihrer Rolle zufrieden sind, wer hat dann das Recht, daran etwas ändern zu wollen? Da wird doch tatsächlich eine Frau an den Pranger gestellt, weil sie es wagt zu sagen, dass sie gerne dem Mann die Beschützerrolle überlässt und sich als die begehrte Frau in seinen Armen wohler fühlt, als in einem Chefsessel. Wenn die Schöpfung eine Ordnung und Rollenteilung vorgesehen hat, dann steckt das für alle Zeiten in uns und lässt sich von Menschen nicht zufriedenstellend reformieren, sondern annehmen und danach leben. Würden Emanzen über mich herfallen wollen, wenn ich an die Mutterrolle der Frau erinnern würde? Ich glaube nicht, dass das Gesicht einer Aufsichtsratsquotendame mit den Börsendaten in der Hand so viel Glück ausstrahlt wie das Gesicht einer Mutter mit ihrem Kind auf dem Arm. Und das hat die Natur sicher so gewollt.....

Wie der Presse zu entnehmen war, zahlt Eon an Frau Stachelhaus angeblich sogar nach ihrem Ausscheiden aus deren Vorstand für zwei Jahre noch eine Million Euro, damit sie fünf Dienstjahre voll bekommt und damit einen Anspruch auf Altersversorgung erwirbt. Sie stünde ja dem Unternehmen auch in den zwei Jahren noch zur Verfügung, „dafür erhält sie eine angemessene Vergütung". Frauen können demnach auch ohne Quote viel verdienen, wenn das ihren

Intentionen entspricht. Was wohl Regine Stachelhaus denkt, wenn da so dilettantische Elsen um ihre Frauenquote kämpfen...

Ich war mal bei einem Therapeuten in Behandlung. Anstatt dass mir einer dafür einen angemessenen Stundenlohn bezahlt hätte, musste ich den noch aus meiner eigenen Tasche bezahlen. Sie meinen, das wäre selbstverständlich? Aber nicht, wenn Sie in Nordrhein Westfalen ein glücklicher Straftäter sind. Da gibt es nämlich einen Beschluss des Justizausschusses, wonach Straftäter in Sicherungsverwahrung keinen finanziellen Nachteil dadurch haben sollen, wenn sie sich einer Therapie unterziehen. Doch, Sie verstehen das schon richtig. Die kriegen zusätzlich Geld dafür! Das ist ja so, wenn der Straftäter in der Sicherungsverwahrung einer Arbeit nachgeht, dann kriegt er ja einen Lohn für seine Arbeit! Oh ja! Der kriegt Lohn dafür! Nur die Hausfrau kriegt keinen Lohn für ihre Arbeit, Straftäter kriegen das! Und wenn sie dann zur Therapie müssen, können sie in der Zeit ja nicht arbeiten und Geld verdienen. Also hat der Justizausschuss beschlossen: Ihr geht zur Therapie und kriegt dafür Euren Stundenlohn. Sollten wir, die wir das ja finanzieren, uns nicht etwas blöde dabei vorkommen, dass an uns zuerst eine Straftat begangen wird, dass wir dem Straftäter dann eine bezahlte Tätigkeit zur Verfügung stellen, dass er im Gegensatz zu uns die Therapeuten kostenlos oder besser gesagt, auf unsere Kosten, aufsucht und dass wir ihm dann als Krönung des Ganzen in der Zeit auch noch einen Stundenlohn zahlen..? Ich glaube, wir sollten selbst mal zum Therapeuten gehen und auch die Herren der Justiz dorthin einladen;

denn irgendetwas stimmt in unseren Köpfen doch nicht ganz….

Wenn ich mal wieder eine Therapie haben möchte, klau ich ein paar Autos. Dann kriege ich den Therapeuten umsonst und beziehe dafür auch noch Lohn von den ehemaligen Autobesitzern. Ist das denn nicht schön? „Du bist doof." „Selber doof!" Tärä, tärä, tärä!!!

Apropos Straftäter. Da hat doch in Amerika ein Terrorist oder Geisteskranker diese Schnellkochtopf-Bombe mit einer Eieruhr gezündet. „Und nun erklären wir mal allen, die das noch nicht können, wie so etwas gemacht wird. Also, das geht so….." Internet und Presse haben es verbreitet. Und sollten Sie, sehr geehrter potentieller Straftäter, das nicht ganz mitbekommen haben, Sie können eine genaue Bauanleitung und

Gebrauchsanweisung auch schriftlich anfordern....

Ist das eigentlich die gleiche Rasse, die von der Erhaltung der Schöpfung spricht und die, die die Meere als Müllkippe benutzt? Und dann hätte ich noch eine Frage: Wenn sich mein Nachbar in Polen für 3 Euro ein Penis-Duplikat machen lässt und das bricht ab, hat er dann die gleichen Schadensersatzansprüche wie Frauen mit diesem billigen Brustimplantat? Das ist ja wichtig zu wissen! Nicht, dass man diesen Schund nicht an seinem Körper machen lässt. Nein, natürlich lässt man das machen. Wichtig ist die Frage nach dem Schadenersatz, wenn man doch soooo überrascht davon ist, dass der Schrott im Körper bröckelt und bricht. Wir brauchen ja die vergrößerte Brust und den doppelten Penis. Aber wenn das kaputt geht, dann schreien wir ganz laut um Hilfe und wollen entschädigt werden für die schönsten Jahre unserer künstlichen Erotikteile. (Du bist doof, selber doof siehe oben)

Am 18. April 2013 brachte das Fernsehen in einer Talksendung eine Großaufnahme des bekannten Gemäldes mit dem Motiv „röhrender Hirsch". Aber in diesem Bild waren Sprechblasen eingezeichnet. Der röhrende Hirsch fragte in großen Lettern: „Will hier jemand ficken?" Eine Antwort kam mit „Danke, hab schon", eine zweite: „Nö" und aus einer anderen Ecke der Naturlandschaft „Huch, ist schon wieder ein Jahr vorbei?" – Die Herren in der Runde ergötzten sich anschließend an den drei Antworten, und als Gipfel der Geschmacklosigkeit fragte dann der Moderator eine ebenfalls in der Runde anwesende Nonne, ob sie sich denn so etwas auch in ihr Zimmer hängen würde. – Wer will so etwas im Fernsehen hören oder sehen? Wer entscheidet darüber, solche Geschmacklosigkeiten zu zeigen und zu diskutieren? Viele

Jahre hat man den Privatsendern den schwarzen Peter zugeschoben, was primitive und geschmacklose Sendungen anbelangt. Es scheint jetzt auch im Öffentlich Rechtlichen Fernsehen, das von uns finanziert wird und einen Bildungsauftrag zu erfüllen hat, keinerlei Hemmschwellen mehr zu geben. Für welche Ferkel wird so etwas produziert und gesendet? Auch hier sind wir als das Volk aufgefordert, etwas dagegenzusetzen und Anstand und Moral in den Medien zu fordern. Ich möchte keine Fernsehbeiträge dafür zahlen, dass sich eine Runde alternder Herren daran ergötzt, ob und wen ein Hirsch ficken darf. Sie mögen das von mir aus in ihrer Stammkneipe tun und man möge ihnen dort bitte auch das Rauchen wieder erlauben. Aber im deutschen Fernsehen und auf Kosten der Bürger haben derartige Schweinereien nichts zu suchen! Da soll auch keiner mit dem dummen Geschwätz kommen, das sei prüde oder altmodisch. Ich kenne eine Vielzahl von sogenannten

Herrenwitzen, auch solche, die im wahrsten Sinne des Wortes unter die Gürtellinie gehen, und ich mache keinen Hehl daraus, dass ich auch herzhaft darüber lachen kann. Aber ich erzähle sie dann Menschen, von denen ich weiß, dass sie ebenfalls darüber lachen können. Und davon können sie im Fernsehen mit aller Phantasie nicht ausgehen. Ich will Ihnen das an einem einzigen Beispiel ganz deutlich machen. In meinen furchtbar schlimmen und schmerzhaften Tagen der Trauer machte sich im Fernsehen jemand über den Tod lustig und hat mir damit sehr, sehr wehgetan. Auch das ist ein Thema, bei dem es sich meines Erachtens einfach nicht gehört, im Fernsehen zu lästern und sich zu amüsieren. Vielleicht wäre es ganz nützlich, wenn sich die Verantwortlichen bei den Sendern vor jedem neuen Format und jeder Sendung die Frage stellen: Entspricht das Anstand und Sitte, was wir hier machen? Damit wäre schon sehr viel gewonnen, wenn diese Damen und Herren denn

wissen, was Anstand und Sitte
bedeutet. Und hier eine kleine Hilfe
für die Programmdirektoren: „Will
hier jemand ficken?" gehört nicht
dazu! Die Nonne in der Runde war
wohl der gleichen Meinung.

Seltsames Interview

Isabell ist ein weiblicher Reiter,
sie sagt: „Der Trainer ist tot, aber das
Leben geht weiter."
Für den Trainer nicht,
aber keiner widerspricht. –
Da wäre noch zu erwähnen:
Trainer kommt ja nicht von Tränen.

Der Jäger

Er hat so manches Tier erschossen
und jeden Treffer voll genossen,
doch stößt er sich nur mal den Fuß,
stöhnt er, als ob er sterben muss.

Kinderreim

Lampenlicht
brauchst du nicht;
denn der liebe Gott macht Licht.
Kleine Maus,
kleine Maus,
Sonne bringt das Licht ins Haus.

Nähe

Brust an Brust
steigert die Lust.
Bauch an Bauch
tut's aber auch.

zum Beispiel die Couch

Es ist viel schöner, auf ihr zu liegen,
wenn sie ausgezogen ist.

Musst du sonntags bügeln?

Du mit deiner Bügelei,
mach mir mal'n Spiegelei.

Bedürfnis

Der Schulte-Pelkum, der macht
Sachen.
Ich glaub, jetzt verliert er den
Verstand.
„Gnädige Frau, helfen Sie mir mal
beim Pipi machen,
er flutscht mir immer aus der Hand,"
sagt er mitten in der Stadt,
wenn er ein Bedürfnis hat.
Man munkelt ja,
dass Schulte-Pelkum schon immer
seltsam war.

Wenn er gaukelt

Da wundert sich der Präsident,
wenn man ihn einen Gaukler nennt.

Die Knappen

Die Gegner wirken schlapp
und stehn da wie Attrappen.
Schalke führt ganz knapp,
es sind ja auch die Knappen.

Risiko

Rafft Glyphosat die Menschen hin?
Locker sagt die Kanzlerin:
„Es wird nicht verboten sein,
ich setz mich dafür ein!"
Wer gerne lebt, der fragt sich bloß:
Wann geht der Schuss nach hinten
los?

bekloppter Konjunktiv

Wenn Sie mich fragen,
was ist ein bekloppter Konjunktiv,
„ich würde fast sagen...."

Das kommt vom Schnaps

Der Reporter sagt:
„Die Messe ist noch nicht gelesen."
Der Ärmste steht zu oft am Tresen.

Einsamkeit

Einsamkeit ist wunderbar,
dann gibt es keine Streitgefahr.

Frauen

Jeder, der die Frauen liebt,
weiß, dass es nichts Besseres gibt.

Fuckup-Treffen

Fuckup heißt,
Fehler akzeptieren
und seine Fehler inszenieren,
zu den eigenen Fehlern stehn,
aufstehn und nach vorne sehn, -
bis es einem deutlich wird,
dass man die Fehler glorifiziert!

Don Giovanni

„Ha, Masetto verdreht schon die Augen,"
weil Ehebrecher nichts taugen.

Sängerin und Produzent

„Etwas Promotion wäre nett." –
„Ja, komm, erzähl mir das im Bett."

Heimweh nach Islamabad

Wir wünschen jedem Gewaltbereiten
aus Islamabad,
dass er eine Rückfahrkarte
und ganz viel Heimweh hat.

Pflaume

Ich möchte etwas fragen,
man möge mir verzeihen:
Warum darf ich zum Kay
Pflaume sagen,
aber nicht zur Von der Leyen?

Nico's 1. Geburtstag

Die Familie hat inseriert
und Nico zum 1. Geburtstag
gratuliert. –
Was hatte der Junge einen Spaß,
als er das in der Zeitung las!!!

Spaß muss sein

Das Finanzamt versteht keinen
Spaß,
lass dich auf die nicht ein,
wenn sie von dir was wollen,
sag einfach: Spaß muss sein!

Diäten

Von einer Diät nimmt man ab.
Und weil Abgeordnete den
Steuerzahlern auch so viel Geld
abnehmen, nennt man ihre Bezüge
auch Diäten. – Man hört ja auch oft:
„Die Diät war für nichts gut!"

Fuchsjagd

Die Jäger verblasen das Revier.
„Nur neun Füchse erlegten wir."
Man kann verstehen,
dass die Füchse das anders sehen.
Das verstünde ein Jäger sehr,
wenn er einer der neun Füchse wär.
Können sie denn nicht blasen
ohne tote Füchse, Rehe und Hasen?

Es tut sich was

In Norwegen kann man Pinguine
taufen,
in Frankreich kann man Panzer
kaufen,
während sich die Engländer aus
Europa entfernen,
fehlt jetzt nur noch, in Deutschland
Deutsch zu lernen.

Warten, bis der Zug kommt

Ist Ihnen schon aufgefallen, dass
nicht nur beides mit G beginnt,
sondern dass Gleise und Geisel
die gleichen Buchstaben sind?

70 Jahre NRW

70 Jahre Nordrhein Westfalen,
Herr Röntgen hörte auf zu strahlen;
denn er las im RGA,
dass Lennep ein Stadtteil von
Solingen war.
Warum nicht Emden oder
Paderborn?

Wo ist wohl der Verfasser gebor'n?
Er kennt sich nicht aus,
soviel lernt man daraus.
Aber Städte so wie diese,
kennt doch sogar der Ostfriese.
Er kam sicher aus Sachsen-Anhalt
oder aus Solingen-Wald.

Verdutzte Mienen

Willst du verdutzte Mienen sehen,
musst du nur in ein Kaufhaus gehen,
und da musst du dich einfach trauen
und fragst mal völlig fremde Frauen:
„Schläft Ihr Mann noch oft mit
Ihnen?"
Dann siehst du verdutzte Mienen!
Ein kleiner Abstand ist nicht schlecht,
weil sich das bei manchen rächt. –
Der Tipp ist ohne Garantie;
denn ich probierte das noch nie.

Nudelpolonaise

Früher zog Hans mit der Therese
in der Hüttenpolonaise,
aber heute bei dem Gedudel

macht man das mit einer Nudel,
bestreut das Ganze noch mit Käse
und nennt es Spaghetti Polonaise.

Ruf der Beamten

Beamte sind besser als ihr Ruf,
so bewertete man Herrn Dieners Beruf.
Diese Behauptung erfordert Mut;
denn damit sind sie noch lange nicht gut!
Nehmen wir die Filzlaus bloß,
aus ihrer Sicht ist der Mistkäfer groß.

Eigener Garten

Erst kommt die Saat,
dann wirst du satt.
Schön, wenn man einen Garten hat.

Affenliebe

Spielt der Affe mit den Nüssen,
lässt sich die Affenfrau nicht küssen.

Im Stau

Ich glaub, ich wende,
die Schlange nimmt kein Ende.
Ich könnte auch ganz ruhig bleiben
und es in mein Gedichtbuch
schreiben.

Spaghetti Bolognese

Ich suchte als Essen außer Haus
Spaghetti Bolognese aus.
Die Tüte, die war viel zu klein,
der Bauer füttert so kein Schwein,
der Deckel von dem Teil war lose,
der Beutel voll Tomatensoße,
die Nudeln kamen mir entgegen,
Gehacktes auf den Gartenwegen,
die Mikrowelle war versaut. –
Beim nächsten Mal gibt's
Sauerkraut,
weil ich ganz schön sauer war,
als ich die Bescherung sah.

Sport

Hast du zu viele Pfunde,
lauf öfter mal ne Runde.

Rechtschreibreform

„Welche Erfindung hat ein
Legastheniker gemacht?" –
„Er hat sich die Rechtschreibreform
ausgedacht."
„Und was ist ein Analphabet?"
„Einer, der den Sinn versteht."

Lottoglück

Freund Günter schreibt mir
wöchentlich:
„Drei im Lotto habe ich,"
und jedes zweite Mal:
„aber ohne Superzahl."

Eiben

Frisst die Ziege von den Eiben,
wird sie nicht lange leben bleiben.

Guten Morgen

Guten Morgen, lieber Morgen,
bring mir bitte keine Sorgen,
schenk mir Glück und Sonnenschein,
lass mich ganz zufrieden sein.

Weiblich

Es gibt den Apfel und die Apfelsine,
warum heißt Frau Präses
nicht Präsine?

Weltreise

Von der Eifel zu den Aleuten,
das dauert höchstens drei Minuten,
und ich schlafe in meinem eigenen Bett.
Danke, liebes Internet.

Ich frage mich

Puffy sagt „Ich frage mich",
was für ein dummer Satz,
dass man sich selbst ne Frage stellt,
ist völlig für die Katz.

Laufen halt

Selbst wenn er über Laufen spricht,
sagt Puffy immer „halt",
doch wer halt macht, läuft ja nicht,
das Halt hat kein Gehalt!

Als und wie

Den Unterschied zwischen als und
wie,
lernt der arme Puffy nie,
weil er nicht sein Gehirn einsetzt,
sondern einfach schwätzt und
schwätzt....
Puffy sagt: „Ist besser wie."
Als und wie lernt Puffy nie.

Grußlos

Der Nachbar rennt an dir vorbei
und sagt nicht „guten Tag",
das liegt bei ihm an dem IQ,
nicht, weil er dich nicht mag.

Mist

Man hört ab und zu den Satz:
„Ein Bauer braucht viel Mist",
obwohl der Mist, den Puffy sagt,
als Jauche ungeeignet ist.

Muße

Mensch, du bist besessen,
du hast die Muße vergessen,
hol sie dir zurück,
ohne Muße gibt es kein Glück.

Meiner Frau

Ewig bleiben Liebe und Dankbarkeit
für die gemeinsame Zeit, -
und ewig bleibt die Traurigkeit.

Puffy persönlich

Puffy sagt so gerne
„Ich persönlich…."
Puffy sagt niemals
„Ich unpersönlich."

Eis außer Haus

Schauen Sie sich mal manche Leute
beim Eis essen an,
das erinnert an die Zunge vom
Leguan.

Für mich

Puffy sagt: „Für mich ist er der
Beste,"
vielleicht auch für Pelias und Alkeste,
vielleicht auch nicht für mich,
sondern nur für sich.

Der Hundertjährige

Das Einzige, was bei ihm noch hoch
ist, ist sein IQ,
er pinkelt sich selbst in die Schuh,
aber geistig ist er völlig fit
und hält es mit euch Pfeifen noch
ganz locker mit.

Ein Antrag

„Ich schlaf so gerne auf dem Bauch."
„Auf deinem täte ich das auch."

Teure Füller für Abgeordnete

Die sich für 70.000 Euro Füller kaufen,
das ist schon ein korrupter Haufen.
Wir sind kein Selbstbedienungsladen,
Abgeordnete, ersetzt uns diesen Schaden.
Verkäuferinnen werden entlassen,
wenn sie eine Frikadelle mitgehen lassen.
Bitte, erspart uns solche Kosten
und schert euch fort von euren Posten!

Erwachen

Draußen sind es 30 Grad,
im Gartenbeet schießt der Salat,
es sprießen ungezählte Triebe
und das alles nur aus Liebe.

Auge, Ohr und Nase

Puffy sagt: „Der hat Auge!"
Armer Puffy, der hat zwei,
und hat auch noch eine Nase
und zwei Ohren ganz nebenbei.

Gotteslästerung

Puffy scheut auch keinen Spott,
er spricht von einem Fußballgott,
bis ihm der liebe Gott mal sagt,
dass ihm das alles nicht behagt.

äußerst außergewöhnlich

In Köln, das weiß ich ganz genau,
da lebt ein Mann, der liebt ne Frau.

Puffy schreibt Emails

Wenn Puffy denken „Scherze mach!"
schreibt Puffy hinter Wörter „lach".
Und ist besonders geili,
malt Puffy gelbes Smiley.

Arme Kinder

Umgang färbt ja mit der Zeit,
Puffys Kinder tun mir leid,
sagen auch schon dauernd „halt",
„geil" folgt da auch sicher bald.

**Ich glaub, der Mensch verblödet
aus dem Alltag erzählt....Teil 7**

Was für eine wunderbar schreckliche
Schlagzeile in der Presse: Schwarz-
Gelb ebnet Weg für Fracking.
Schwarz nennt sich christlich, Gelb
nennt sich liberal. Und Fracking ist
eine überhaupt nicht überschaubare
Gefahr und Bedrohung für die
Menschheit, weil nicht
auszuschließen ist, dass dieser
„geebnete Weg von Schwarz-Gelb"
der Menschheit trinkbares Wasser
und somit das Leben nimmt!!! Auf die
Gefahr, die durch die beim
sogenannten Fracking eingesetzten
Chemikalien für das Trinkwasser
entstehen, haben Experten längst
hingewiesen und davor gewarnt. Wie

bekloppt muss man eigentlich sein, das auszublenden und sich das unverschämte Recht anzumaßen, „das Gesetz zur Regelung der Schiefergasförderung in Deutschland einen Schritt weiterzubringen." Und diese Dilettanten nennen sich zum Hohn auch noch Umwelt- und Wirtschaftsexperten. Mag ja sein, dass sie Experten in der Wirtschaft an der Ecke sind und da zu oft an der Theke stehen, aber wir als Wähler und Volk haben sie nicht dazu ermächtigt, über unsere Überlebenschance und die unserer Kinder zu bestimmen. Dagegen ist es ja noch harmlos, dass eine sogenannte Piratenpartei die Abschaffung des Begriffes „Ehe" fordert. Die Ehe mag ja für diese Leute keine Bedeutung haben, aber wir sollten solchen Leuten in der Gesellschaft keine Rechte einräumen, denen die Ehe ebenso wenig heilig ist wie der Glaube, die Liebe und andere Werte.

Frau Schmitz mobbt

Es lohnt sich, zweimal
hinzuschauen,
Mobbing gibt es auch bei Frauen.
Erfüllt eine nicht mehr ihren Zweck,
dann mobbt Frau Schmitz die
einfach weg.

Mann, wie siehst du denn aus?

Mütter, sperrt die Töchter ein,
hier kommt Tom der Rächer,
der trägt im Gürtel einen Colt
und in der Hose Eierbecher.

Iphone ausgespäht und angezapft

Alle zittern, alle hoffen,
ist mein iphone auch betroffen?
Ich hab kein Ei, ich hab kein Fohn,
was interessiert mich das schon?
Auch die Obstschale ist leer,
ich hab auch keine Äppel mehr.

2. Liga

Puffy sagt: „Die Neun hat Füßchen."
Mutti, gib ihm doch mal Küsschen,
die Windel wechsel ihm dann später,
Puffy sagt: „Die Acht macht Meter."
Schenkt dem kleinen Seppelchen
doch einmal ein Räppelchen.
Manchmal wirkt er schon senil.
Puffy sagt: „Ein richtig geiles
Fußballspiel!"
Vielleicht nimmt Puffy heimlich
manchmal Drogen;
denn Puffy sagt: „Der Stecker ist
gezogen."
Puffy sagt: „Ein bisschen haben wir
noch auf der Uhr." –
Warum bewilligt ihm die Kasse keine
Kur???

Puffy einmal ungereimt

Puffy sagt im Interview zu dem
Reporter: „So kannst du doch gegen
so einen Gegner kein Fußball
spielen." Da stellt sich doch die
Frage, wie kommt Puffy darauf, dass
der Reporter gegen Bayern München

Fußball gespielt hat??? „Da musst du doch als Mannschaft ganz anders auftreten." Jetzt verliert Puffy total den Verstand, er glaubt, der Reporter wäre eine ganze Mannschaft. „Da musst du auch als Trainer viel früher reagieren….." Armer Puffy, was hast du für Halluzinationen…….

Alles auf unsere Kosten

Herr Diener kauft sich Klunker,
Herr Diener baut sich Bunker,
Herr Diener weiß Bescheid
und bringt sich in Sicherheit.
Er plündert auf allen Feldern
von unseren Steuergeldern.
Da wäre vorzuschlagen,
Herrn Diener fortzujagen.

Freunde

Freunde sind Menschen,
die man mit alltäglichen Dingen
zumüllen darf.

6:0 für München

Puffy schreibt „Bayern München siegt",
wenn ganz München längst in den Federn liegt.
Armer Puffy, sicher haste
irgendwo ne Resettaste.
Puffy dreht die Zeit zurück
und wartet gestern auf sein Glück.

Halt!

Puffy sagt, da musst du halt,
Puffy sagt, da bist du halt,
Puffy sagt, da hast du halt,
Puffy sagt, da kannst du halt,
Puffy sagt, die wollen halt,
Puffy sagt mal eben halt,
Puffy sagt nichts ohne halt,
Puffy – mach mal HALT!!!

Puffys unter sich

Schick mir dein Geschmiere,
wir nennen es Satire.

Bei uns auf dem Friedhof

Die Ausländer haben sich eine
eigene Bank mitgebracht.
Zuerst haben noch alle darüber
gelacht,
jetzt ist da mit Oma, Onkel, Tanten
und Neffen
dreimal pro Woche Familientreffen.
In einem der Sträucher
auf einem der Beete
lagern sie sämtliche Gartengeräte,
da wird geredet, gelacht, gewunken
und zwischendurch auch zu viel
getrunken.
Bei allem Verständnis für die
Zeichen der Zeit –
das geht zu weit!!!
Da ist die Friedhofsverwaltung
gefragt,
die so etwas untersagt.
Es ist ja wirklich nicht zum Lachen,
wenn hier Ausländer aus dem
Friedhof einen Campingplatz
machen.

Viel trinken

Man sagt uns ja von Zeit zu Zeit,
der Mensch braucht sehr viel Flüssigkeit,
am besten Wasser soll es sein,
doch tut's auch Kaffee oder Wein.
Das war auch einst schon Franz Lehar
in seinen Operetten klar.
Wie herrlich es doch damals klang,
wenn man im Land des Lächelns sang:
Ich möchte deinen Atem trinken
und betend dir zu Füßen sinken.
Da leuchtet dem Genießer ein:
Es muss kein Sprudelwasser sein.

Füreinander beten

Warum sagst du mir „ich bete für dich",
warum behältst du das nicht einfach für dich?
Es reicht doch, wenn Du es machst.
Du sagst mir ja auch nicht,
wenn du heimlich über mich lachst.

Stellenmarkt

Karriere machen mit viel Eifer:
Tanzschule sucht Dreher,
Bundeswehr sucht Schleifer,
Polizei sucht Autoknacker.
Jetzt bewerben, aber wacker!

Aufenthaltsqualität

In der Wuppertaler Zeitung steht,
ein Vorort hätte Aufenthaltsqualität.
Da hat sich wieder einer was
ausgedacht,
und die Leser haben sich halb
totgelacht.
Die Anwohner vermutlich auch.
Ich mache jetzt mal von meiner
Abwesenheitsqualität Gebrauch.

Puffy denkt sich selbst

Puffy sagt: „Ich denke mir,"
denk doch mal dem neben dir
und dem, der zu Hause ist.
Puffy ist ein Egoist,
Puffy denkt nur immer sich.
Warum denkt er eigentlich?

ebent, soebent

Puffy sagt „ebent" und „soebent",
der Zuhörer lacht.
Wer hat ihm das Deutsch denn
beigebracht?
Da ließen sie ihn ebent schon
wieder leider an das Mikrofon.

Vorfreude

Die Freude auf zu Haus
setzt kein Freudenhaus voraus.

Führe mich nicht in Versuchung

Puffy sagt: „Ich werde dich
versuchen....."
Jetzt lernt der Puffy abends Deutsch,
damit sie ihn noch einmal buchen.

Guter Rat an Frau Meier

Nimm einen Archäologen zum Mann,
der hat auch noch in fünfzig Jahren
Freude daran.

Wurzeln

„Der hat seine Wurzeln in Polen".
„Ist das nicht zu weit, sich da immer
die Wurzeln zu holen?
Wurzeln und Lauch
gibt es hier auf dem Markt doch
auch."

Weinpräsent

Bei dem Wein für den Trinker sollte
man bedenken,
es ist nicht klug, dem Brandstifter
Streichhölzer zu schenken.

Lange Pausen

Über langen Pausen beim Sprechen
liegt manchmal ein Fluch,
Daniel sagt: „Wir freuen uns über
Regen……
über regen Besuch."

Weißbrotrennen

Zum Weißbrotrennen müssen Sie
sich sputen,
da vorne kommen schon die Stuten.

für mich, für mich, für mich

Puffy sagt: „Der gewinnt für mich."
Der Sportler fragt: „Warum für dich?
.Ich kämpf für mich und kenn dich
nicht."

Sommerurlaub im Süden

Wir haben die Hitze nie gemocht,
bei der einem das Kaffeewasser
in der Badehose kocht.

Hundegeschäft

Der Hund hat auf den Weg
geschissen,
die Leute haben nichts gelernt,
Besitzer müssten es doch wissen,

dass man das dann auch selbst
entfernt.
Parkt der in Zukunft irgendwo,
dann hoffe ich, es kommt ne Kuh
und scheißt ihm in sein Cabrio.

Kurhotel Rathaus

Herr Diener aus Nordrhein-Westfalen
müsste für seinen Arbeitsplatz
eigentlich Kurtaxe zahlen.

Die weiße Mamba

Ich habe eine weiße Nachbarin,
da schau ich ab und zu mal hin.
Ja, kann ich meinen Augen trau'n?
Sie reißt bei sich das Unkraut raus
und wirft es über'n Gartenzaun.
Man kann es den Leuten kaum
verkennen,
dass sie sie weiße Mamba nennen.

Im Rathaus

Als ich kürzlich mal im Rathaus war,
oh, das war wirklich schade!
Ich wollte einen Stempel
auf ein Formular,
doch Herr Diener schlief gerade.

Heupferd

Wenn das Pony Heu frisst,
ist das kein Beweis,
dass es ein Heupferd ist.

Steuersenkung, Steuerlüge

„Unsere Versprechungen vor den Wahlen
brauchen wir doch nach den Wahlen
nicht auszuzahlen!"
hat der Politiker gedacht,
„das haben wir doch immer so
gemacht!"

Das Paradies

Wir suchen nach dem Paradies
und haben es längst gefunden,
es liegt in allen glücklichen
friedlichen Stunden.

Paradiese

Urlaubsparadies,
Ferienparadies,
Surfparadies,
Tauchparadies,
Steuerparadies,
Naturparadies
und paar Radieschen aus dem
Konsum oder Garten.

Glück

Man muss nicht müssen,
soll nicht sollen,
Glück ist,
nichts wollen wollen.

Boddy-Maß-Index

Vergiss deinen BMI,
dann bist du glücklich wie noch nie.

Der WDR 4

Es war einmal ein WDR4-Redakteur,
der hatte das absolute Gehör
und auch lauter Kollegen,
die Musik als Kulturgut pflegen.
Dann kam die neue Generation.
Kultur? Was ist das denn schon?
Da spielen sie Musik,
die zu Herzen geht
und singen Texte, die man versteht,
manchmal voll Demut, manchmal
auch heiter…..
Nein, so geht das nicht weiter!!!
Und seitdem trauern wir
um den guten alten WDR 4.
Geschmack und Feingeist sind wohl
veraltet,
und wir Hörer haben längst
abgeschaltet.

In Bergen auf Rügen

Kennen Sie die St. Marienkirche in
Bergen auf Rügen?
Ich werde Sie nicht belügen,
wenn ich sage, dass dort das
Zifferblatt
tatsächlich 61 Minuten hat! –
Der Uhrmacher hat sich vertan.
Da kräht doch wohl auf der
Kirchturmspitze der Hahn.

Liebe Sportredaktion

Wenn Sie mal gleichwertige Reporter
suchen,
die können Sie in Papua Neuguinea
buchen.
Einen Artikel zum Bespiel kennen die
nicht.
Das heißt „Unserdeutsch"
und ist so ähnlich, wie Puffy spricht.

To go

Latte Macchiato to go,
Made in Italia. –
Wieso? Togo ist doch in Westafrika!

Was ist noch gut?

Herr Diener in Berlin
ist heute resigniert,
denn er hat den ganzen Tag
noch gar nichts reformiert.
Sollte es noch etwas Gutes geben,
dann sagt es ihm, er ändert's eben.

So ein Käse

"In den französischen Alpen macht
man Strom aus Käse."
„Ja und? Bei uns macht man daraus
ein ganzes Fernsehprogramm."

Schatz des Forrest Fenn

Alle laufen diesem Gedicht hinterher;
denn wer es entschlüsselt,
der ist Millionär.
Sucht ihr mal schön nach der Truhe,
mein Reichtum sind Liebe, Frieden,
Gesundheit und Ruhe.

Fußballer-Phrasen

Ich helfe meiner Mannschaft,
wir haben uns belohnt, -
die meisten sind diesen
Schwachsinn
allmählich schon gewohnt.

Burn out

Ich hab geklaut,
ich bin der Burn,
jetzt bin ich out.
Ich hab gesessen,
lass es uns vergessen.

Insel Anglesey

Llanfairpwllgwyngyllgogery-
chwyrndrobwllllantysiliogogogoch
Sagen Sie mal, wie Ihnen das gefällt.
Das ist kein Scherz,
das ist der längste Städtename der
Welt.
Und Einfälle wie dieser
entspringen dem Hirn von einem
erwachsenen Waliser.

Wasserknappheit

In manchen Gegenden der Welt
wird jetzt schon Wasser rationiert,
während der deutsche Herr Diener
für die Anwendung von Fracking
plädiert.
Vielleicht will Herr Diener ja ein
Beispiel geben
und glaubt, man kann ohne Wasser
leben.

Zufriedene Kunden

Der wertvollste Mitarbeiter
ist der Kunde,
die beste Werbung
kommt aus seinem Munde.

Abräumen und gelutscht

Wenn Puffy von Gewinnen träumt,
sagt Puffy, er hat abgeräumt,
wogegen Siege heißen:
Sie können noch was reißen,
und wenn sie mal nicht siegen,
sagt Puffy: Sie lassen was liegen.

Schon geschafft heißt unterdessen
bei Puffy: Es ist alles gegessen,
der Drops ist gelutscht können jene
sagen,
die trinken und es nicht vertragen.
Dem Puffy fällt schon etwas ein,
nur normal darf es nicht sein!

Bodystyling

Keep smiling,
Kinder, macht keep smiling,
Opa geht zum Bodystyling.

Lust und lustlos

Hab ich zur Arbeit keine Lust,
packt mich das Faulpelzfieber.
Mittags gibt es Entenbrust, -
deine wär mir lieber.

Entspannung

Gönn dir einfach mal die Ruh
und schau an der Fensterscheibe
einem Wassertropfen zu.

Der Rapper und der Rabe

Sie haben zwei Dinge gemeinsam,
sie sind oft sehr einsam
und vor allen Dingen
können beide nicht singen.

Fremdsprache im Südwesten

Puffy sagt: „Da han isch jedenkt,"
ihm haben sie den Schulabschluss
nach dem Kindergarten geschenkt.
Puffy ist aus dem Südwesten,
und die so sprechen,
das sind da noch die Besten.

Hochzeitsreise

Der Kevin und die Vera
sind in Sodom Gomera.

Wenn Frauen abnehmen

„Meine Frau hat abgenommen.
Ich hab sie aufgehängt."
„Hattet ihr Streit?"
„Nein, Wäsche!"

Bayerische Logik

Horst Seehofer sagte im August 2016 in Landshut: „Niemand ist in keinem Bereich auf jemanden angewiesen." – Verstehen Sie das? Ja klar, niemand in keinem, das heißt doch: Jeder ist in jedem Bereich auf Herrn Seehofer angewiesen. – Wie war das noch mit dem guten Abitur in Bayern? Haben wir da was falsch verstanden???

Im Telekoma

Die Telekom hat bei mir das System umgestellt. Nachdem ich zugestimmt hatte, brauchte ich nur noch auf den Umstellungstag zu warten und dann ein Kabel umzustecken. Da ich von den technischen Dingen ohnehin keine Ahnung habe, versuche ich auch hier gar nicht erst, das zu erklären. Es war ja auch ganz einfach. Und als dann der Tag der Umstellung gekommen war und die Telekom mir noch einmal schriftlich mitgeteilt hat, dass ich nun einfach umstecken könne, - wozu ich meinen Sohn bemühte, der im Gegensatz zu mir über fundierte technische Kenntnisse und Fähigkeiten verfügt, war ich mit meinem Festnetzanschluss und dem Internet bereits abgeschaltet und konnte nicht mehr telefonieren, keine Mail empfangen und keine Mails mehr senden. Das änderte sich auch nicht, nachdem mein Sohn das Kabel angeschlossen hatte. Auch nicht, nachdem er, ich weiß nicht wie viele, Telefonate mit dem Telekom-Service geführt hatte. Das Koma blieb! Still ruhte meine Kommunikation! Telekoma! Die Ruf- und Geschäftsschädigung dauerte ganze drei Tage, Rückfragen, Versprechungen, Vertröstungen und die blöde Frage: „Ist das nicht ein Privatanschluss?" Ach, was soll das denn? Privatanschlüsse bei der Telekom dürfen ruhig mal eine halbe Woche außer Betrieb sein? Kunden zweiter Klasse, oder wie ist das zu verstehen? Für mich gipfelte das in der Bemerkung eines Partners aus Thüringen: „Als Telekomkunde ist es gut, in der Nähe eines Flusses zu wohnen, - wegen der Möglichkeit der Flaschenpost." Ja, Flaschen, das ist ein gutes Stichwort…..Wie gut, dass gleich in der Nähe die Wupper fließt.

Entblößte Offerte

„Was willst du mir damit signalisieren?
Darf ich Dich vergewaltigen?"
„Ja, wenn du bitte so freundlich sein würdest!"

Noch eine dubiose Gegenwart

„Messi kommt zurück und trifft für Argentinien" titelt die Zeitung.
Woher weiß der das vorher schon?
Ich werde den Redakteur mal anrufen und ihn bitten:
„Ach, rufen Sie mich doch bitte gestern mal an!" –
Viel schlimmer finde ich in der gleichen Ausgabe: „Motorradfahrer stirbt bei Unfall in Köln."

Kann ihn denn keiner daran hindern,
dann überhaupt loszufahren, wenn
man diese furchtbare Gewissheit
hat? - „Der wird 1896 geboren....."
Wie lange dauert das noch bis 1896?

Lesben- und Schwulen-Union

Endlich gibt es die LSU,
das sind die Lesben und Schwulen
der CDU.
Das ist doch mal ein tolles Hobby,
sie wollen eine noch stärkere Lobby.
Bürger, macht die Schwulen stark,
sie gehören in den Bundestag.
Willst du auf den Kanzlerstuhl,
werde erst mal lesbisch oder schwul.
Das kann man jetzt doch wohl
verlangen!
Rosa soll der Adler prangen,
nagelt ihn euch an die Wand:
Einigkeit und rechts der Freiheit
deutsches Lesben-Schwulen-Land.
Brüder, reicht die Hand zum Bunde,
wir verlieren den Verstand....
Und prügelt auch dem Adler ein,
er hat gefälligst schwul zu sein.
Die Schwulenlobby fordert das,

und da versteht sie keinen Spaß!
LSU – Was für ein Klang:
Lustvoll – Seichter – Untergang.

Ein Tipp ans Baby in der Wiege

Du musst nur so schreien,
dass es den Menschen gefällt,
dann wirst du ein Star auf der Welt.

Das Unmögliche

Wer das Nötigste tut
und hat zum Möglichen Mut,
dem gelingt auch das Unmögliche
gut.

Nachwuchs

„Ich bin schwanger",
sagte sie vor Jahren.
Ich fragte irritiert:
„Was ist in dich gefahren?"
Und sie sagte in weiblicher Ruh:
„Ja, du!"

Dildos

Wenn ein Mannheimer ein Bündchen
Dill kaufen will, geht er zur
Gemüseverkäuferin und sagt:
„Haben Sie'n Dil do?"
Nehmen Sie in Mannheim lieber
Petersilie.

Im Baumarkt

„Ich hätte gerne eine
Gardinenstange für mein Zimmer."
„Wie lang?"
„Für immer!"

Vertrauen

„Man soll keinem trauen, den man
nicht kennt,
ist Ihr Mann denn solvent?"
„Über die Frage kann ich nur lachen,
sowas würde mein Mann nie
machen!"
„???"

Im Wandel der Zeit

Heute sind wir nur Männer,
früher waren wir Herrn,
dafür heißen die Doofen
heute bildungsfern.

Alternder Playboy

Im Seniorenclub hat auch der
Playboy endlich seine Ruh;
denn da geht es nicht so steif zu.

Meer oder mehr

Auch manche Meerjungfrau
ist nicht mehr Jungfrau.

Häufiger Name

Damit es den Lehrer nicht irritiert,
hat er die Kevins in seiner Klasse
jetzt einfach durchnummeriert.

Chirurgischer Eingriff

Bodo hat sich einen Arm verlängern lassen, damit er Ganzkörper-Selfies machen kann.

Das sechste Gebot

Du sollst nicht ehebrechen!
„Bei Ehebruch, da weiß ich leider keinen Rat." –
„Oh, das ist Schadt!"

Komische Kindernamen

Manche Eltern wählen Namen,
die bisher nicht ins Stammbuch kamen,
weshalb ein Vater leicht vergisst,
ob sein Kind ein Junge oder Mädchen ist.

Glück

Lauf dem Glück nicht hinterher,
teile es, dann wird es mehr.

Abgeordnete dürfen nach Incirlik

Da stöhnte die ganze Kompanie:
„Oh nee, was wollen denn die!!!?"

Erinnerungen

Der Opa kauft sich Stacheldraht
und denkt dabei an Stalingrad.

Ausländer

Schwätzen die Ausländer wirklich
auch so dumm mit „da musst du, da
bist du, da hast du, da kannst" und
mit „halt" und „eben halt", wie sie
immer häufiger zitiert werden, oder
sind es nur unsere „Übersetzer", die
ihnen dieses alberne Geschwätz
unterstellen, weil sie selbst so
sprechen?

Die neue Getränkeverkäuferin

Ich sah, wie sie nach Hilfe schellte,
als ich ein Fass Zination bestellte.

Christliche Partei

Eine Partei, die sich christlich nennt, sollte entweder die rausschmeißen, die nicht christlich handeln – aber wer bleibt dann noch übrig? – oder ihren Namen ändern. Es ist töricht, die Muslime zu verurteilen. Dann müssen wir die Christen genauso verurteilen…
Aber ich stehe ja ohnehin diesbezüglich etwas quer im Stall. Ich würde auch dem heuchlerischen Pastor empfehlen, lieber den Beruf zu wechseln, der die Bitte um ein Gespräch damit abschlägt, er sei für die Person nicht zuständig. Wenn er für die Not von Menschen, die um Hilfe rufen, nicht zuständig ist, sollte er sich auch von der Kanzel verabschieden, wie dies Herr Gauck getan hat, um einer anderen Karriere nachzugehen, bei der man auch mit klugen Sprüchen vorankommt.

Pfarrer Kneipp

Nach dem Blitzguss
ein Blitzkuss
ist für manchen ein Kurgenuss.

Examensarbeit abgeschlossen

„Ich überlege halt gerade, mir fällt
halt gerade was ein. Meine Eltern,
die halt mein Studium mit finanziert
haben…" Das muss man nicht
kommentieren. Darius und Dangus
lassen grüßen.
Puffine sagt: „Die kommen halt…"
Ich kann mir nicht vorstellen, wie
einer bei Halt noch kommen kann.

Spielanalyse von drei Experten

Puffy 1 sagt: „Das Tempo der
Schalker kannst du nur 60 Minuten
gehen." Anstatt zu sagen: „Ich kann
das Tempo der Schalker überhaupt
nicht gehen, sagt Puffy 2: „Da bist du
als Verteidiger gefordert." Anstatt
jetzt zu sagen: „Ich bin kein

Verteidiger, sagt Puffy 3: „Als
Stürmer musst du da stehen."
Anstatt nun zu sagen: „Ich bin kein
Stürmer….." – Mach das aus!!!
Bitte ‚mach das aus!!!

Hearing

Wenn Andrea Berg ins Hearing geht,
das ist ganz normal.
Das ist die Abhörkonferenz
und kein Fischlokal.

Du bist zu gut

Gutheit ist Dummheit,
schrieb mir eine Bekannte.
Da war ich nicht mehr gut zu ihr,
auch das störte die Tante.

Unter sportlichen Männern

„Machst du lieber Brustschwimmen
oder Kraulen?"
„Brustkraulen."
„Idiot!"

Chantal sagt....

Ich mach von dir ein Selfie.

Geschenkt

Das Leben ist geschenkt.
Auch wenn nicht jeder so weit denkt.

Womma, samma, gemma

Womma sehn,
samma so,
gemma der Reihe nach.

Radfahrer kreuzen Kreisverkehr

Sie können wirklich darauf wetten,
die glauben, dass sie Vorfahrt hätten
und riskieren Hals und Kragen.
Es muss ihnen mal einer sagen,
dass sie sehr zum Leichtsinn neigen
und es die Pflicht ist, abzusteigen!
Manche wissen nicht Bescheid,
bei anderen ist es Dreistigkeit.

Puffy und sein Schatten

Puffy kommentiert ein Fußballspiel. Und auf einmal, wie aus heiterem Himmel, fängt er an, sich mit einem imaginären Du zu unterhalten. „Den Elfmeter kannst du geben." Dann spricht er wie ein gesunder Mensch weiter. Und da ist es wieder: „Da kannst du als Torwart nichts machen." Armer Puffy!!! „Da musst du als Verteidiger stehen."
Sieht er da irgendwo seinen Schatten, oder mit wem spricht er? Wen duzt er da? Puffy, da ist doch keiner! „Da musst du doch früher angreifen!" Das machen doch die Spieler, Puffy, sie greifen an, die haben einen Torwart, und die haben auch einen Verteidiger und sie spielen da gerade Fußball. Du musst das nicht. Und dein Schatten, mit dem du da immer sprichst, muss das auch nicht. Der spielt gar nicht mit. „Da darfst du nichts anbrennen lassen." Genau, Puffy, kümmere du dich um deine Grillwürstchen, dass da nichts anbrennt und lass das mit dem Fußball mal besser sein.

Geht es nicht noch schneller?

Wenn du sowieso nichts lernst,
dich von gutem Deutsch entfernst,
auch von Mathe keine Spur, -
dann mach doch Turbo-Abitur.
Man braucht hier nur noch einen Schein,
dann schadet es nicht, doof zu sein.

Einschüchterung

Jetzt kommt was auf dich zu,
du hast das Facebook gelöscht,
du blöde Kuh!

Konfuzius

Schon Konfuzius hat konstatiert,
dass ein wahrhaft großer Mensch
nie die Einfachheit eines Kindes
verliert.

Die Nachbarin sagt…..

Unser Marcel-Detlev-Kevin-Karl
macht sein Abitur rektal.

Parteislogan

Liebe Bürger,
ihr müsst doch nicht schmollen,
nur weil wir euch hinters Licht führen wollen.

Der braune Ochse

Es sprach der braune Ochs
zu seinen Küh:
„Adolf feiert Déjà-vu."
Die Kühe riefen: „Nee,
wir wollen keine AfD!"

Mein fremdes Gegenüber

Wenn man nette Worte spricht,
verändert sich schon sein Gesicht,
wie sehr ist er dann erst gerührt,
wenn er meine Liebe spürt.

Schlechtes Hotel

Gleich an der Rezeption
begann die Enttäuschung schon:

„Essen, Sauna, Pool und Bett
All in Klosett!"

Unterhalten sich zwei Engel

Auf Erden kommt es mir so vor,
als hätten alle was am Ohr,
sie babbeln dabei vor sich hin,
das hat doch alles keinen Sinn,
dabei hat jeder was in der Hand.
Ich glaub, der Mensch verlor den Verstand.

Der kleine E-Teufel

„Es ist noch im ersten Moment am Stadtbogen..." möchte Puffy sagen. Und dann kommt der kleine E-Teufel und sagt: „Puffy, du sprichst in ein Mikrofon!" Und Puffy hängt an jedes Wort ein „e". „Esse iste noche imme erstene Momente amme Stadtebogene...", sagt Puffy, obwohl Puffy sonst gar keinen Sprachfehler hat. Was geht im Kopf von Menschen vor, die in ein Mikrofon

sprechen und darum plötzlich an
jedes Wort ein „e" anhängen?

Comedian 2100

Wir lieben die Spezies Schwule
mit sieben Jahren Sonderschule,
schaffst du mit einem Furz
dreimal lang-lang-kurz,
dann bist du hier im Land
als Comedian bekannt,
mit schweinischen Geschichten
und solchen Schmähgedichten,
womit man andere verhöhnt,
wirst du preisgekrönt
und deine Kommilitonen
sitzen in den Redaktionen.
Niemand kann es dir verdenken,
weil dich die Brüder im Geiste
dafür mit Beifall beschenken.

**Ich glaub, der Mensch verblödet
aus dem Alltag erzählt….Teil 8**

Jetzt wundern wir uns mal alle sehr!
Im Jahre 2004 hat man gleich in 53
Branchen des Handwerks die Pflicht

zur Meisterprüfung abgeschafft, und nun wird festgestellt, dass die Qualität der Arbeit darunter leidet, wenn man zu deren Ausübung keine Qualifikation mehr braucht? Ja, wer hätte das denn gedacht??? Damit konnte doch auch keiner der Reformer rechnen. Wenn ich eine Arbeit mache, von der ich keine Ahnung habe und die ich nie gelernt habe, - nehmen wir mal an, ich entferne einem Patienten den Blinddarm oder ein bis zwei Beine, - reicht es denn dann nicht, wenn ich früher mal in einer Kindertagesstätte war? Soll mir doch keiner damit kommen, dass es vorteilhaft wäre, ich hätte auch eine Grundschule besucht oder, um es mal auf die Spitze zu treiben, sogar Medizin studiert. Das ist ja eine Zumutung für den freien Bürger unserer Zeit. Nein, nein, nein, wir brauchen auch keine Meisterprüfungen. Das ist doch altmodisch, dass man von dem was verstehen muss, was man tut. Haben wir etwa gelernt, was wir in den Ministerien machen? Na bitte!!!

Dass ein Dieb auf der Flucht seine Schuhe verloren hat, deshalb in ein Schuhgeschäft rannte und sich dort neue Schuhe klaute und dabei dann geschnappt worden ist, darüber könnte ich noch lachen. Dass Fußballspieler neunzig Minuten lang durch Mund und Nasenlöcher pausenlos auf ihren Arbeitsplatz spucken, darüber kann man den Kopf schütteln und sich auch ab und zu mal davor ekeln. Aber dass in Pakistan in einer Fernseh-Show der Hauptpreis aus einem Baby besteht, darüber kann ich nicht lachen. Ich kann auch nicht nachvollziehen, wie es möglich ist, dass so etwas erlaubt wird. Die erste Show war angeblich ein Erfolg, der erste Preis war ein kleines Mädchen. In der zweiten Sendung soll es einen Jungen zu gewinnen geben. Dem Vernehmen nach sind Jungen in Pakistan noch viel begehrter als Mädchen. „Der Mensch verblödet" ist bei solchen Meldungen doch noch maßlos untertrieben, finden Sie nicht auch?

Auch das noch! Politisch engagierte Knallsäcke fordern einen gesetzlich geregelten Rechtsanspruch auf eine Ganztagsschule. Toll! Im ersten Lebensjahr kommt das Kind in eine Kinderklappe. Vom zweiten bis zum sechsten Jahr in eine Ganztagskindertagesstätte mit gesetzlichem Rechtsanspruch. Danach in eine Ganztagsschule, natürlich mit Rechtsanspruch.
Ja, entschuldigen Sie mal, und wo bleibt das Blag nachts? Da muss es doch einen Rechtsanspruch geben, wo sich das gevögelte Lebewesen nachts aufhält, während Mama und Papa auf Weltreise sind oder im Schrebergarten neuen Nachwuchs produzieren. Und was ist überhaupt nach der Schule? Wo soll das vierzigjährige Kind denn hin, bevor es einen Rechtsanspruch auf einen Platz im Altersheim hat? Da müssen wir aber noch mächtig nachbessern an der Gesetzgebung!. Es ist nur noch zu klären, wie die verworrenen Gedanken dieser Leute zu Papier gebracht werden, da die Ghostwriter für das Heer von Analphabeten

langsam knapp werden. Aber das können wir ja so machen wie mit den anderen hochqualifizierten Arbeitskräften auch, die können wir uns ja aus Griechenland, Ägypten, China und den Indianerreservaten ins Land holen. Da soll es noch Leute geben, die ihre Doktorarbeiten sogar selbst geschrieben haben ohne abzukupfern und ohne zu betrügen. Ja, und Deutsch lernen die in den erwähnten hochentwickelten Ländern inzwischen sowieso besser als wir an unseren ganztägigen rechtlich gesicherten Anstalten.

In der Stadt Solingen wollte man ab 2013 die Weihnachtsbeleuchtung der Innenstadt ohne christliche Symbole machen. Das wird doch sicher viel Sympathie und fröhliche Nachahmer finden! Die Solinger würden auch eine Segelregatta ohne Wind und Wasser und einen Waldspaziergang ohne Bäume machen. Aber das müsste denen doch einer sagen, dass vor langer Zeit mal ein Jesus Christus geboren wurde, dass die

Welt dessen Geburtstag feiert und Weihnachten damit was zu tun hat. Also, um es noch einmal für Solinger zu erklären: ...Also, liebe Solinger, Weihnachten hat mit Christus und somit mit dem Christentum unzertrennlich was zu tun, da sind deshalb christliche Symbole angebrachter als beispielsweise Sexsymbole. Ich meine, wenn das einer richtig erklären würde, dann werden die Solinger das doch vielleicht verstehen. Meine Damen und Herren, die Kerze ersetzt nicht nur in schlechten Zeiten den Vibrator, ihr dürft sie zum Advent ruhig anzünden! Und auch nicht nur, um nach den Kondomen zu suchen, sondern zum Fest der Liebe im weihnachtlichen Sinne. Und noch eins zur Ermutigung der Stadtväter von Solingen: Es kann euch nicht schaden, wenn es bei Euch nicht nur um scharfe Sachen (Klingen) geht, sondern wenn in der Klingenstadt auch mal zu Weihnachten bei euch die Glocken klingen. Faltet mal die Hände, dabei könnte euch ein

weihnachtliches Symbol durchaus
behilflich sein...

„Ich hab auch einen Penis. Aber ich
hol ihn jetzt nicht raus." Das ist der
O-Ton von Dieter Nuhr. Daraufhin
wurde ihm ein Preis für die Deutsche
Sprache verliehen. Ich bin sicher, der
Dieter Nuhr lacht sich über den Preis
kaputt. Aber was sind das für
Komiker, die auf so eine Idee
kommen? Nuhr ist ein
hervorragender Kabarettist, aber
doch kein Germanist. Dann hätten
sie ihm auch wegen der
Penisaussage den Nobelpreis für
Medizin verleihen können, vielleicht
auf Vorschlag der Urologen.
„Kulturpreis Deutsche Sprache",
steckt dahinter nicht dieser Verein
Sprache? Na ja, Comedian ist Dieter
Nuhr ja auch, da haben sich die
Herren in Dortmund gedacht: Das ist
einer von uns. Ich werde den
Gedanken nicht los, dass dieser
Verein Zuschüsse aus öffentlichen
Geldern bekommt. Das wäre
furchtbar, wenn wir so etwas auch

noch mit Steuergeldern fördern würden!

Das ist ja mal ein sehr schönes, wenn auch utopisches Inserat: Imbiss sucht Mitarbeiter mit sehr guten Deutschkenntnissen für die Zubereitung von Ware, Kundenbetreuung und Reinigungsarbeiten. Wenn das Schule macht, dann suchen demnächst vielleicht auch Funk, Fernsehen und Presse Mitarbeiter mit Deutschkenntnissen. Das wäre schön!!! Och, was wär das schön!!!

Was für ein Brüller! Die beamteten Richter in NRW sollen selbst entscheiden, ob es richtig ist, dass ihre Bezüge nicht erhöht werden! Wundert sich einer, dass die Richter entschieden haben, die Nullrunde sei rechtswidrig? Ein paar schlaue Menschen kamen auf die Idee zu fragen, warum man das nicht besser einem Gericht in einem anderen Bundesland übertragen hat, darüber zu befinden. So nach dem Motto: Hallo Kollegen, haltet ihr es für falsch, wenn wir hier in NRW mehr verdienen? Die Feststellung der Richter in NRW gipfelte dann in der Unverfrorenheit, die Ministerpräsidentin möge zurücktreten! Das sollte Frau Kraft wörtlich nehmen: „Ihr habt mich getreten, jetzt trete ich zurück!" Fragen wir doch mal die übrige arbeitende Bevölkerung, die Krankenschwester, den Busfahrer und die Putzfrau: „Habt ihr was dagegen, wenn eure Löhne erhöht werden?" Oder fragen Sie doch ihren Hund: „Fiffi, hast du was dagegen, wenn ich dir eine Wurst gebe." Wenn der Hund dann freudig bellt, wissen wir wenigstens, er hat die gleiche Logik, wie die Richter in NRW.

Ein Mann lebte ein paar Jahre in der Rolle einer Frau und schrieb ein Buch darüber. Anscheinend ohne sich eines geistigen Defektes bewusst zu sein, stellt er die Forderung auf, nicht mehr zwischen Mann und Frau zu unterscheiden und den Begriff „Mann" völlig aufzugeben. Für die Werbung für sein Buch und zur Diskussion der Frage, warum wir nicht Männer und Frauen einfach nur Menschen nennen und nicht mehr zwischen ihnen unterscheiden, bekommt er im Zweiten Deutschen Fernsehen Gelegenheit und Sendezeit. Die Herrschaften halten sich aber nicht etwa vor Lachen den Bauch über diese absurden Ansichten, sondern diskutieren ernsthaft darüber, ob wir den Unterscheid zwischen Mann und Frau brauchen. Mal abgesehen davon, dass sich die Schöpfung dabei etwas gedacht hat und dass diese Komiker, die darüber diskutieren, in Zukunft kaum die Kinder zur Welt bringen werden, könnte man doch einen Schritt weiter gehen. Wozu die Unterscheidung zwischen Mensch und Tier? Lebewesen reicht doch völlig aus! Bei näherer Betrachtung ist der Unterschied zum Borkenkäfer doch gar nicht mehr so groß. Na gut, der Borkenkäfer ist intelligent, aber so egoistisch und selbstbewusst sollten wir ehemaligen Menschen schon sein dürfen, uns mit dem

Borkenkäfer auf eine Stufe zu stellen. Finden Sie nicht auch? Ich werde mal ein paar Jahre als Borkenkäfer leben und es Ihnen dann im Zweiten Deutschen Fernsehen erklären....

Wussten Sie, dass Ende 2014 in Mexiko Menschen auf die Straße gingen und vor der Deutschen Botschaft dagegen protestiert haben, dass Deutschland dort Waffen in die Konfliktgebiete liefert und auf einem Plakat stand: „Eure Waffen haben unsere Brüder getötet"? Und wenn Sie das wussten, wussten Sie denn auch, dass die Mexikaner mit dieser Behauptung recht haben? Unfassbar, aber trotz Verstoß gegen die deutschen Exportbestimmungen hat angeblich eine baden-württembergische Rüstungsfirma nach Presseberichten für 13 Millionen Euro Sturmgewehre in Konfliktprovinzen wie Guerrero und Chiapas geliefert. Ich schäme mich als Deutscher dafür und hätte mich ohne Zögern an dem Protest beteiligt. Was ist das für eine verkommene und verlogene Gesellschaft!? Apropos Gewalt: Ob es wohl irgendwelche als normal zu bezeichnenden Regungen und Bewegungen in einem menschlichen Gehirn gibt, das die Entscheidung getroffen hat, Weihnachten im Hauptabendprogramm Kriminalfilme zu senden??? Mir fällt der Borkenkäfer ein.

Jetzt fordert doch tatsächlich eine Ministerin, dass jeder jedem am Arbeitsplatz sein Gehalt oder seinen Lohn preisgeben soll. Ja, was ist das denn für ein Brüller? Und eine weitere Ministerin fordert mehr Panzer für Deutschland. Und die laufen alle frei herum! Das ist doch nichts für die Freilandhaltung, dafür wurde doch eigens die Käfighaltung erfunden, oder? Was müssen die armen Menschen leiden, die noch über einen klaren Verstand verfügen, wenn sie so etwas hören und lesen, was sich die Komiker in der Politik heutzutage ausdenken und, man mag es nicht glauben, auch noch realisieren dürfen, ohne Fußfesseln angelegt zu bekommen. Es ist nicht zu fassen. Das läuft hier alles frei herum!!! Und so ein Tünnes in einer Redaktion, der wohl die letzten 70 Jahre nicht mitbekommen hat, versucht uns zu suggerieren, wie böse doch der Russe ist und welche Bedrohung davon ausgeht. Ja, da brauchen wir ja wirklich mehr Panzer! Sagen Sie mal, wenn sich einer bei Ihnen im Vorgarten mit seinen Kanonen in Position bringt, würden Sie sich dann in Ihrer Hütte noch wohlfühlen? Darüber sollten wir Europäer mal nachdenken, anstatt die Aufmerksamkeit von uns abzulenken und den russischen Bären zeichnen. Da wird einem doch übel bei dieser Heuchelei. Falls es einer nicht verstanden hat, ich spreche hier von der NATO, die immer näher an die Grenzen Russlands rücken will, und die NATO-Länder scheinheilig fragen: Warum ist der Russe denn schon wieder so böse? Weil ihr ihn nicht für vollgenommen habt, weil ihr ihn ausgrenzt, weil ihr ihn hintergeht, weil ihr wie eine Bedrohung mit Waffen immer näher an sein Land heranrückt, weil er euch nicht traut. Und das alles mit Recht! Ich bin kein Russe, ich bin auch kein Sympathisant, aber ich hab mir einen klaren Verstand bewahrt! Und das möchte ich auch so beibehalten.

Zwischendurch mal ein guter Rat: Kaufen Sie sich eine Fernsehzeitung und lesen sie das tägliche Angebot der reichhaltigen Sender. Dann sehen Sie, wie primitiv und doof wir inzwischen sind, - oder zumindest doch, für wie primitiv und doof wir gehalten werden, dass man uns so etwas zumutet. Aber es muss ja Menschen geben, die sich so etwas ansehen und sich von diesem Müll unterhalten fühlen. Und es gibt offensichtlich Menschen, die diesen ganzen Müll produzieren und verbreiten. Das ist Diebstahl an der Lebenszeit, die uns geschenkt wird, sich mit so einem Müll zu befassen. Ausscheidungen gehören zweifellos zu einem funktionierenden Körper, aber doch nicht ins Gehirn!!!

Hurra, Deutschland hat einen Mindestlohn!!! Die wenigen Menschen, die hier noch normal sind, haben es wirklich schwer, das alles zu begreifen. Nehmen wir mal folgendes Beispiel: Wenn mich die süße blonde Inhaberin meiner Lotto-Annahmestelle fragt, ob ich nicht Lust hätte, für 6 Euro in der Stunde bei ihr mitzuhelfen und wenn ich von diesem Vorschlag errötend ganz begeistert bin, dann sagt der Gesetzgeber: „Nein, das kommt überhaupt nicht infrage. Da macht sich die blonde Schönheit strafbar. Mindestens 8.50 Euro in der Stunde muss sie bezahlen!" Ich wehre mich: „Aber ich will das doch gar nicht! Ich würde auch für 5 Euro zusagen!" Nein, das dürfen wir nicht vereinbaren. Aus dieser schönen Zusammenarbeit, auf die wir uns beide so freuen würden, wird leider nichts. Und die darüber nun bestimmen, das sind die gleichen Schlaumeier, die vor gar nicht allzu langer Zeit 1 Euro-Jobs im Öffentlichen Dienst vergeben haben!

Damit Sie mich nicht falsch verstehen, ich freue mich darüber und begrüße es auch, dass Fachkräfte und auch Hilfsarbeiter nicht ausgebeutet werden und für einen Hungerlohn arbeiten müssen. Aber welche unverschämten Dilettanten maßen sich das Recht an, mir meine aus freien Stücken getroffene Preisvereinbarung über meine Arbeitsleistung zu verbieten oder vorzuschreiben!? Und da ich gerade etwas zu diesem Thema von Lohn und Gehalt sage: Es geht diese dilettantischen Komiker auch einen Kehricht an, was andere monatlich verdienen. Offenlegung der Bezüge, - wem soll das helfen? Und auch wenn ich mehr oder weniger verdiene als ein Kollege, und wenn der Mann mehr verdient als die Frau oder umgekehrt, wen geht das was an? Wir leben doch nicht in einem Ameisenkollektiv. Ich sehe auch meinen Nachteil nicht, wenn mein Nachbar im Monat fünfzigtausend Euro verdient. Solange seinem Arbeitgeber das seine Leistung wert ist, geht mich das doch nichts an. Es

ist mir ja freigestellt, auch derartige Gehaltsforderungen zu stellen. Ob ich sie dann erfüllt bekomme, oder mich mit dem Existenzminimum begnügen muss, regulieren Angebot und Nachfrage und nicht irgendein Politiker.
Die alleinerziehende Else mit ihrem Baby ist auch der Brüller. Über sie steht ein Artikel in der Zeitung, „Shopping mit Buggy". Wie man lesen kann, gibt sie darüber neuerdings auch Kurse, damit andere Frauen auch lernen, mit Buggy und Baby shopping zu gehen. Früher ging das ja nicht. Wir sind alle verhungert, weil unsere Mütter ja mit Kindern nicht einkaufen konnten. „Einkaufen, Else, das ist so ähnlich wie heute Shopping. Da geht man in ein Geschäft und kauft die nötigsten und auch die unnötigsten Dinge des täglichen Lebens." Wie gut für die Menschheit, dass die Else das jetzt erfunden hat, dass Mütter auch einkaufen können. Verzeihung, ich wollte sagen, Shopping gehen können. Die Menschheit wäre sonst vermutlich ausgestorben. Wie nennt

sie das? Outdoor-Shopping? Außer Haus mit Kind einkaufen gehen, ja, das muss man in der Tat erst mal lernen. (Wenn man den Urwald-IQ hat) Else, du musst jetzt ganz stark sein, wenn ich dir was sage: Wir sind früher gar nicht alle verhungert. Auch unsere Eltern gingen schon mit ihren Kindern einkaufen. Das hieß zwar nicht Outdoor-Shopping mit Buggy; denn unsere Eltern waren nicht bekloppt. Die konnten Deutsch und gingen ganz einfach einkaufen. Und weißt du was? Die haben dafür noch nicht einmal einen Kursus besucht, die waren Naturtalente und konnten das von ganz alleine. Wenn die Milch alle war, gingen sie in ein Geschäft und kauften neue. Ganz früher hatten sie dazu sogar eine Milchkanne. Und wenn Brot oder Wurst alle waren, nahmen sie ihre Einkaufstasche oder einen Einkaufskorb, - nein, keinen Rucksack! Mit dem Rucksack ging man nur in die Berge, wenn man länger von zu Hause weg blieb. In der Stadt hatten die jungen Mütter keinen Rucksack auf dem Buckel, weil sie dem Mann Bier mitbringen sollten.

Ach ja, das hab ich gar nicht erwähnt, manche Mütter hatten sogar früher einen Mann. Aber damit will ich dich jetzt nicht überfordern. Der Mann, das war nämlich ein Wesen, das nicht um 12 Uhr aufstand, um in die Hängematte zu wechseln und da auf Hartz IV zu warten, sondern der ging richtig morgens früh zur Arbeit und kam abends wieder. Und dann freute er sich auf Essen und auf ein Bier. Da staunst du, Else, was??? Die jungen Mütter gingen auch nicht Outdoor-Bumsen, die blieben schön zu Hause....

Früher hatten wir schöne Namen, wir hießen Müller, Krause, Goethe, Schiller, Ruttkowski, Sadlowski oder Klockhaus, heute geben sie sich Doppelnamen, da heiratet Fräulein Dohm den Herrn Kohn und heißt fortan Victoria Kohn-Dohm, um später als alleinerziehende Mutter auf Staatskosten drei Kohn-Döhmchen großzuziehen. Hoffen wir, dass eine von den süßen Kleinen nicht irgendwann den Sprößling von Platzt-Schnell ehelicht; denn „Kohn-Döhmchen-Platzt-Schnell" hört sich ja ehrlich gesagt nicht mehr so ganz nach altem deutschen Adel an. Aber vielleicht heiratet sie ja auch den Sohn von „Hält- Ein-Stößchen-Aus", dann passt es wieder in die Zeit….Und jeder weiß auch gleich, wo er dran ist, wenn sie sich beim nächsten Bums-Date in die Gästeliste einträgt „Ficktoria-Chantal Kohn-Döhmchen-Hält-Ein-Stößchen-Aus"….. Da ersetzt der Name schon die Visitenkarte und den Abstammungsnachweis sowie einen kleinen Hinweis auf ihre besonderen Fähigkeiten.

Die Bundesfamilienministerin forderte im Mai 2015, dass Unverheiratete einen Zuschuss für eine künstliche Befruchtung bekommen sollen! Ja, was ist das denn??? Wenn nicht wir, das Volk, der Staat wären und so ein Unsinn mit Steuergeldern bezahlt wird, dann bietet sich anstatt der künstlichen

Befruchtung doch im Bundesfamilienministerium eine Abteilung für gutbezahlte Zuchtbullen im Beamtenstatus an. Man hat ja gerade jetzt festgestellt, dass die Beamten widerrechtlich als Streikbrecher eingesetzt werden, solche überschüssigen Kapazitäten könnte man doch dann lieber zur Befruchtung Unverheirateter einsetzen. Da bekommt dann das Wort Zu-Schuss ja auch eine viel delikatere Bedeutung. „Herr Oberamtsrat, machen Sie der Dame doch bitte mal einen Zu-Schuss…" Schön! Schön! Schön!!! Und da wundern sie sich, dass der (im Kopf) normale Mensch nicht mehr wählen gehen will. Der Fehler liegt ja auch schon in der Frauenquote und an der Emanzipation. Wozu muss eine Frau das Familienministerium leiten? Ein Mann könnte doch die Aufgabe der Befruchtung selbst übernehmen. Das macht er ja ohnehin, nur müsste er das Verhütungsmittel absetzen, dann klappt es auch. Gründen wir doch erst mal die PZBL, die Partei zur

Befruchtung Lediger, die fehlt ja ohnehin im Parlament....

Mai 2015: „Die Iren sind für die Gleichstellung der Homo-Ehe!" – Da ist der Weltpresse leider ein Druckfehler unterlaufen, es sollte heißen: „Die Irren sind für die Gleichstellung der Homo-Ehe!" Die Nachricht aus Remscheid von Samstag vor Pfingsten, dass eine heiße Fritteuse Polizei und Feuerwehr anrücken ließ, war jedoch laut Redaktion korrekt. Heiße Fritteuse sollte nicht, wie man vermuten konnte, Friseuse heißen. „Dann hätten wir doch Friseurin geschrieben", versicherte der Redakteur glaubwürdig. Schade, für die Feuerwehr wäre es vielleicht mal eine schöne Abwechslung gewesen. Einen Tag nach dem Volksentscheid in Irland forderte auch in Deutschland die Opposition eine absolute Gleichstellung der Homo-Ehe. Nach dem Motto: Wie die Iren, so die ganz Irren!
Darüber diskutiert der Bundestag! Man darf gar nicht darüber

nachdenken, dass so etwas mit Steuergeldern von Leuten bezahlt wird, die für ihr Geld richtig arbeiten müssen.

Ich lese gerade wieder eine fett gedruckte Überschrift in der Zeitung, „….macht sich Leben schwer." steht da in fetten Lettern. Was soll man dazu sagen? Hat Schule nicht aufgepasst, freut sich Leben auch mit schlechtes Deutsch….Ach ja, die gute alte Deutsche Sprache. Gestern hörte ich eine Fernsehreklame von einer Staubsaugerfirma, die behauptet, sie hätte eine Mission. „Der saugt doppelt so schnell als andere…". So schnell wie, zweimal so schnell wie, doppelt so schnell wie, - der Grundschüler weiß das. „so schnell als" tut weh. Wie kann es so etwas bis zur Ausstrahlung im Fernsehen schaffen, ohne dass einer aufschreit? Das ist wie die Opel-Werbung. „Ich hatte ja keine Ahnung." – „Haben die wenigsten" sagt Jürgen Klopp. Und keiner merkt, dass es den Sinn völlig verdreht und hätte heißen müssen „haben die meisten". So ist das, wenn man keine Ahnung hat....Nein, nein, der Jürgen Klopp kann selbstverständlich nichts dafür. Er spricht einen Text, den man ihm vorgibt und wofür man ihn bezahlt. Selbst wenn er sagen sollte, Interesse an diesem Auto haben die wenigsten..... Eine Anekdote am Rande: Ich hatte die Firma Opel auf diesen Fauxpas hingewiesen. Die zuständige Dame ließ mir ausrichten: „Der Herr Klopp ist so ein netter Mensch, wir sind froh, dass wir ihn haben." – Hä??? Was hat das denn damit zu tun? Fährt der gute alte Lord fort, fährt er selbstverständlich mit dem Ford fort....Opel!

Das ist wirklich wahr! Ich habe die Papierverschwendung hier neben mir neben meiner Kaffeetasse auf dem Tisch liegen. Da steht in einer Illustrierten neben einem Foto als Aufmacher auf der Titelseite: „Bikini: auf nackter Haut". Ja, ist es denn wahr? Auf nackter Haut ein Bikini? Hätten Sie sich das vorstellen können? Kein Unterhemd drunter, kein Höschen, keine Regenjacke. Nein, auf nackter Haut! Wer macht denn sowas? Wer trägt denn einen Bikini auf nackter Haut? Was nehmen die morgens ein, die so etwas schreiben und drucken??? Wie soll die Blondine auf dem Foto ihren Bikini denn sonst wohl tragen, als auf der Haut? Aber es ist schon eine geniale Feststellung, dass es sich bei der besagten Haut unter dem Bikini um eine nackte Haut handelt. Zu der weisen Erkenntnis kommen sonst wohl nur Naturvölker mit Sonderschulabschluss im Palmenhain.

Angeblich hat es der Ausbildungsleiter bei der Bundeswehr bestätigt, dass Rekruten während einer Übung „Peng!" rufen mussten, weil sie keine Munition dabei hatten. Ich glaub das! Wenn wir schon verblöden, dann doch richtig! Doch, ich glaub das! Mich würde es auch nicht wundern, wenn demnächst einer, der lautlose Blähungen hat, „Pup!" rufen muss.

Dann weiß doch jeder, warum es in der Kompanie stinkt. Oder im Fahrstuhl.

Wie kann man einem Mann den Deutschen Fernsehpreis verleihen, der in jeder Reportage scheinbar mit anscheinend verwechselt? Das sind eindeutig die Auswirkungen der ständigen Schulreformen, dass in unseren Schulen offensichtlich keine ausreichenden Deutschkenntnisse mehr vermittelt werden. Und jetzt quaken sie herum, sie wollen auch noch das Sitzenbleiben abschaffen. Demnächst reicht es wahrscheinlich als Voraussetzung für ein Studium, wenn die Schüler rülpsen können. Wenn man diesen Mikrofontätern sagt: „Sie können scheinbar Deutsch," dann sind die auch noch stolz darauf und merken nicht, dass das eine Beleidigung ist. Und noch ehe man stirnrunzelnd das schlechte Deutsch des Reporters zur Kenntnis nimmt, sagt er: „Die haben mehr Chancen wie die anderen." Wer scheinbar nicht von anscheinend auseinanderhalten kann und gleichzeitig als und wie verwechselt, der war ja wohl auch endlich mal fällig für den Deutschen Fernsehpreis! Wenn ihm das keiner beigebracht hat, kann er selbst vielleicht gar nichts dafür, aber es muss doch jemanden geben, der mit über die Stellenbesetzung entscheidet und wenigstens über Grundkenntnisse der deutschen Sprache verfügt.

Ich lese so gerne Zeitung, da wird einem immer so herrlich übel. Der Sexualtäter ist freigesprochen worden. Er ist ja auch prominent! – Aber die Frau, die zu dem Schutzmann „Mädchen" gesagt hat, wurde zu einer Geldstrafe verurteilt. Das gleicht sich doch dann wieder aus, oder? Obwohl die Frau das aus einem Auto heraus gesagt haben soll und sagt, es gar nicht gesagt zu haben. Nix da! Sexuelle Belästigung durch einen Promi können wir durchgehen lassen, aber doch nicht „Mädchen" zu einem Polizisten sagen und dann auch noch

abstreiten. Na ja, abgestritten hat der Promi das ja auch, was er da getan hat! Wie heißt das noch mal? Was Jupiter erlaubt ist, ist einem Ochsen noch lange nicht erlaubt.
Vielleicht kriegen Sie den Spruch auch noch auf Latein hin mit Jovi und Bovis….

Die meisten Tanten hier im Land sind die Dilettanten.

Ich lese nach wie vor gerne die Kleinanzeigen. Das wird immer schlimmer. Jetzt suchen vermehrt Arbeitgeber „Mitarbeiter indoor". Wie sieht wohl ein Mensch aus, der so ein Inserat aufgibt? Und welche geistige Schwelle muss jemand unterschreiten, damit er sich auf so einen Blödsinn bewirbt!?
„Erfolgsorientierte Verkäufer/innen indoor gesucht," habe ich gerade kopfschüttelnd gelesen. War das Gehirn zwischenzeitlich gerade mal wieder outdoor….

Im Land der geistig beschränkten Deutschen klagen Mütter, weil der

Staat nicht auf ihre Kinder aufpasst und sie dafür nicht finanziell entschädigt. Es ist schon beschämend, dass so eine Klage überhaupt zugelassen wird. Noch beschämender aber ist die Gesinnung solcher Mütter!!! Ist es diese Mischung aus Egoismus, Dreistigkeit und Dummheit, die uns heute überall immer mehr begegnet? Wer seinen Verstand zusammen hat, kann doch nicht vom Staat erwarten, dass dieser die Verantwortung für die Unterbringung und Finanzierung seiner Kinder übernimmt. Das ist Aufgabe der Familie! Sind sie so verblödet, dass sie das nicht mehr begreifen in dieser Spaßgesellschaft? Der Staat bin ich. Was hab ich damit zu tun, die ungewollten Kinder meiner Nachbarin großzuziehen? Die benehmen sich wie ein Kuckuck, der seine Eier in fremde Nester legt. Früher haben die Mütter ihre Kinder viel zu sehr geliebt, als dass sie auf derartig abwegige Gedanken gekommen wären, sie dem Staat und fremden Menschen zu überlassen… „Rabenmutter" hätten wir so etwas genannt!!!

Haben Sie das gelesen? Es gibt jetzt eine Waschmaschine, die gibt eine Information an Ihr Handy weiter, wenn die Wäsche fertig ist. Ist das nicht toll? Darauf hat die Menschheit doch seit der Zeit der Neandertaler gewartet. Jetzt hoffe ich endlich auch auf die mitdenkende Toilette, die dem Toilettenpapier mailt: „Hallo, fertig!!! Abputzen!!!"

Bitte, glauben Sie es mir, jetzt gibt es spezielle Kreuzfahrten für Homosexuelle. Die neue Kreuzfahrtgesellschaft richtet ihr Angebot „speziell an Homosexuelle, Bisexuelle und Transgender," falls Sie wissen, was das für eine Rasse ist. Ich weiß es nicht. Mich interessiert das auch nicht. Nehmen wir einfach zur Kenntnis, dass aus dem Schulschiff Georg Fock ein Schwulschiff After Fick geworden ist….Tut Ihnen auch der Hals schon weh vom Kopfschütteln über unsere Gesellschaft?

Das haben die Komiker nicht mehr ausgehalten, dass ein Torschütze auch Torschütze heißt und dass es eine Torschützenliste gibt. „Scorerliste" steht da jetzt als Überschrift. Da hat wieder einer zu lange auf seinem Töpfchen gesessen und kräftig gescored, das sind die Topscorer, die da auf ihrem Top sitzen und drücken....Ja, das sagt man jetzt so!

Jetzt stellt so ein schlauer Mensch fest, man sollte in den Schulen die Hausaufgaben abschaffen. Nicht nur das, er schreibt gleich ein ganzes Buch darüber. Die es nötig hätten, würden sie nicht machen, die sie machen, haben es nicht nötig, die Eltern sind genervt, wenn sie mit den Kindern büffeln und die Lehrer haben keine Zeit, sie zu kontrollieren. Ja, das sind doch mal Argumente. Dann wäre es aber doch besser, die gesamte Schule abzuschaffen. Dann haben die Lehrer Zeit, die Eltern sind nicht genervt und die Schüler dösen weiter vor sich hin…. Nein!!! Man sollte zur Volksschule zurückkehren, damit wenigstens ein Grundstock an Bildung in der gesamten Bevölkerung zurückkehrt!!! Damit endlich diese Verblödung gestoppt wird, die mit der Abschaffung von Kopfnoten und Hausaufgaben noch weiter fortschreiten würde.

Ich glaub, die jungen Pastöre hat es jetzt auch endgültig erwischt. In Kirche im WDR sprach Frau Pastor über ihre Konfirmanden. Soweit, so gut. Aber sie hießen bei ihr nicht Konfirmanden, sondern das waren ihre „Konfis". Verblöden die Pastis jetzt auch?
Wir werden immer gleichgültiger im Umgang mit unserer Sprache. Über sein eigenes dummes Geschwätz denkt kaum noch einer nach. Es gibt kaum noch einen Zeitungsreporter, der die Vergangenheit kennt. Auto fährt vor Baum. Bayer missbraucht Kind. Affe fällt vom Dach. – Das Auto ist längst kaputt, kann also gar nicht mehr vor Baum fahren….

Das ganze Ausmaß der Verblödung des Menschen wurde auch in einem Gutachten deutlich, das in Bremen in Auftrag gegeben worden ist. Man sollte gutachtlich herausfinden, warum die Toiletten so stinken. Nach akribischer Untersuchung und Berichterstattung des kostenträchtigen Gutachtens kam man zu dem überraschenden Ergebnis: Der Gestank kommt eindeutig von der Klo-Benutzung. Wer hätte das geahnt!? Ja, darauf wäre doch wohl ohne gründliche Recherche keiner gekommen, oder???

Wie die Wirtschaftsförderung im Kulturausschuss in der bergischen Kleinstadt Radevormwald mitteilte, gibt es nun im Gewerbepark jede Woche den „GüMo". Kommen Sie auch zum GüMo? Was, Sie kennen den GüMo nicht? Das bedeutet „Günstiger Montag". Wer hätte das geahnt, ausgerechnet ein Kulturausschuss, dem man mehr Kultur als Ausschuss zugetraut hätte, erfindet den GüMo. Wenn erst mal der „AbDi" kommt! Das ist der „Abzocker-Dienstag" und dann der „KnaMi", berühmter „Knallsack-Mittwoch", dann ist in Radevormwald richtig was los! Ich warte, bis sie den „PfeiDo" verkünden, den „Pfeifen-Donnerstag", die wollte ich mir immer schon mal aus der Nähe ansehen. Und der verkaufsoffene „LaPoSa", der könnte mich auch interessieren. Das ist der „Landpomeranzen-Samstag". Da kommt die Kultur so richtig zur Geltung. – Oder ist es doch eher der Ausschuss? Egal, wir freuen uns auf den GüMo…..

Wie der Verband für bürgernahe Verkehrspolitik in Berlin mitteilt, gilt das Wildpinkeln als Erregung öffentlichen Ärgernisses. „Wer zu viel Bier getrunken hat und dringend mal muss, darf nicht einfach in der Öffentlichkeit pinkeln." Nun stellt sich ja die Frage, was ist mit dem, der Mineralwasser getrunken hat und dringend mal muss? Oder wer es einfach wegen einer schwachen Blase nicht rechtzeitig nach Hause schafft? Aber der Verband für bürgernahe Verkehrspolitik in Berlin hat noch ein ganz anderes Problem. Es darf ein Bußgeld bis zu 5000 Euro erhoben werden. Wonach soll man das staffeln? Nach Dauer des Pinkelvorgangs? Oder nach Anzahl der Zuschauer, denen es zum öffentlichen Ärgernis wurde? Oder wäre vielleicht sogar eine Abmessung in Zentimeter Länge die gerechte Lösung? Fragen über Fragen. Und wie ist das überhaupt bei weiblichen Pinklern, also bei Pinklerinnen, wenn man das eigentliche Ärgernis gar nicht sehen kann? Vielleicht sollte man die Verkehrspolitik noch einmal auf ihre Bürgernähe überdenken.

Laut „heute" im ZDF am 15. August 2016 können sogar die Minenarbeiter in Südafrika vor vier Jahren in den Streik treten. Ja, Sie lesen richtig. „Sie treten vor vier Jahren in den Streik." Ich weiß nicht, ob ich das auch können möchte, vor vier Jahren treten oder sonst etwas tun. Aber anscheinend können Südafrikaner heute noch vor vier

Jahren in den Streik treten. Ich werde mir jetzt gestern ein Bier trinken und dann füttere ich vorgestern meine Fische, setze mich vor einem Jahr ein bisschen in den Garten und warte dann mal vor 78 Jahren auf meine Hebamme.
Machen Sie es gestern gut, liebe Leser......

wider und wieder

Nicht jeder, der wieder stehn kann, kann widerstehn,
aber viele, die nicht widerstehn konnten,
können wieder nicht stehn.

Treuepunkte

Sie hat ihn so sehr geliebt,
bis sie merkte, dass es dafür keine Treuepunkte gibt.

Deutsche Reformen

Dilettanten sind enorm,
bevor die den Kürzeren zögen,
machen sie eine Reform
nach ihrem Denkvermögen.

Äpfel, Birnen und Pflaumen

Ist Ihnen schon mal aufgefallen,
dass Post und Opst die gleichen
Buchstaben sind? Oder waren Sie
in einer anderen Klasse?

Bayerische Schulreform

„Mehr wie," „größer wie", „weiter wie"
soll demnächst auch an bayerischen
Schulen als Fehler gewertet werden.
In leitenden politischen Ämtern darf
aber wie bisher gesprochen werden.

Experten

Der wahre Experte macht jedem klar,
warum seine Vorhersage
Schwachsinn war.

Darius und Dangus

Erinnern Sie sich an die beiden Viren, die im Darm der Kühe ihr Zuhause haben und dafür sorgen, dass jede Kuh ständig Durchfall hat? Sie waren ja vor Langeweile und Übermut auf die Idee gekommen, sich auch um die Sprache der Menschen zu kümmern und dort den Durchfall zu erzeugen, der nicht nur flüssig ist, sondern in dem wir völlig überflüssig in jedem Satz dieses alberne „halt" sagen. Wenn Sie nachmittags oder abends nach dem Hauptabendprogramm im Fernsehen mal durch die Sender schalten, werden Sie mit Schrecken feststellen, dass die beiden und der Dummschwätzervirus ganze Arbeit geleistet haben. Ohne Übertreibung, das hört sich dann so an:
Sender 1: „Ich habe halt…"
Sender 2: „Wir dachten halt…"
Sender 3: „Da bin ich halt…"
Sender 4: „eben halt…"
Sender 5: „Da musst du halt…"
Da ist noch keine Minute vergangen, dann haben Sie mindestens zwanzig

Mal dieses dumme überflüssige
„halt" gehört, und wenn es Ihnen weh
tut, was da gerade mit unserem
Kulturgut „Sprache" geschieht,
abgeschaltet. Sind Sie auch schon
davon infiziert? Darius und Dangus
hatten recht, es ist ansteckend wie
ein Grippevirus, und die Medien
werden es in Windeseile verbreiten,
bis es nur noch so aus uns
herausblubbert wie bei den Kühen.
Passen Sie auf Ihre Sprache auf!

Weisheit auf den Punkt gebracht

In der Glorifizierung von Sex
offenbart sich die ganze Dummheit
der modernen Gesellschaft.

Klug werden

Aus Schaden wird man klug,
aber dumm sein vor Glück ist
für die meisten genug.

Das Wunder hat vier Buchstaben

Wenn Sie sich etwas ganz innig wünschen,
und es geht wie ein Wunder in Erfüllung,
dann sagen Sie: „Danke, Gott!"
Denn das Wunder bewirkt Gott!
Das Wunder hat vier Buchstaben.
Das Wunder ist Gott!

Nur das eine Mal

Sich einmal ganz nah sein,
erzwingst du das Glück,
dann bleibt ein Gefühl
wie ein Kater zurück.

Schlüsselerlebnis

Es kam ein Fremder auf ihn zu
und fragte: „Wes Geschlechts bist du?"
Da ließ er sich die Haare schneiden.
Jetzt kann er sich selbst wieder leiden.

Flüchtlinge

Bevor du zum Verfolger wirst,
bevor du Helfer kritisierst,
lass dich mal auf die Frage ein:
Möchte ich der Flüchtling sein?

Familiennamen

Angie, ich frag Sie mal als Kenner:
Warum heißen auch in Uckermark
die Frauen nicht so wie ihre Männer?

Die sich fügen

Die sich in allem fügen,
ersparen dem Partner die Lügen,
doch sie verlieren mit der Zeit
die eigene Persönlichkeit.

Ermutigung zur Kunst

Der Maßstab für Anerkennung und
Auszeichnung ist nicht das Können
und die künstlerische Leistung,
sondern Lobby und Beziehungen!

Lassen Sie sich deshalb nicht von Ihrem Weg abbringen, wenn Sie Ihre Kunst und Ihr Schaffen nicht so gewürdigt sehen, wie Sie es erwartet und verdient hätten. Es sind nicht wirklich die Besten, die im Rampenlicht stehen!
Resignieren Sie also nicht, damit tun Sie den Dilettanten nur einen Gefallen.

Ein Tipp an Leidensgenossen

Bevor Sie als Zuhörer verzweifeln: Manche Mikrofontäter sind einfacher zu ertragen, wenn wir sie als einen Beitrag zur Inklusion betrachten.

Wechselgeld

Wenn einer die Marotte pflegt
und mir das Wechselgeld
auf die Theke legt,
da geh ich nicht mehr hin.
Erstens, weil ich sensibel bin
und zweitens, weil das signalisiert,
dass man nicht wertgeschätzt wird.

Man gibt es in diesem Land
dem Kunden in die Hand.

Dafür, damit und nicht dagegen

Puffy sagt: „Der arbeitet gegen den
Ball. Das kann ja nix werden."
Herr Diener arbeitet auch gegen den
Schreibtisch. Kann auch nix werden.
Ich kann mir nicht vorstellen, dass
der Anstreicher gegen den Pinsel
arbeitet oder gegen den Farbtopf.
Schön wäre, wenn der Soldat gegen
das Gewehr und gegen die Kanone
arbeiten würde! Aber bitte nicht der
Pilot gegen das Flugzeug.
Wie kommt Puffy darauf, dass die
Spieler gegen den Ball arbeiten? Wir
haben früher immer mit dem Ball
gespielt.
Schlafen Sie gut gegen Ihr Bett!

Große Liebe

Ich liebe dich so sehr
bis in die Ewigkeit
und bis zum Geht nicht mehr.

Holger Horn

Der Holger Horn
aus Paderborn,
das ist ein kleiner heißer Sporn,
er ist in einem Stall geborn.
Im Unterricht saß er ganz vorn,
hat Deutsch als Lieblingsfach erkorn,
bei „halt" und „geil" packt ihn der Zorn.
Verliebt bis über beide Ohrn
hat er sehr früh sein Herz verlorn.
Ganz klassisch liebt er sie von vorn
und träumt vom Seegang vor Kap Hoorn.
Er ist und bleibt ein heißer Sporn,
sonst wär er auch im Stall erfrorn.
Durch ihn gibt es in Paderborn
alljährlich einen neuen Horn.

Spendenaufruf

Wenn ihr aus den Sektkelchen schlürfet,
was ihr gar nicht bedürfet,
denkt mal an die Menschen in Not,
und gebt euer Geld für ihr tägliches Brot.

Wundert euch nicht,
wenn euch sonst euer Schicksal
ein Spielzeug zerbricht,
und wundert euch nicht,
wenn das Schicksal
den Spiegel zerbricht. –
Vielleicht zerbrach er daran,
dass er euer Gesicht nicht mehr
ertragen kann.

Nachbar

Den Friedrich-Wilhelm Stubenkötter
ärgert dieser kleine Spötter.
Wenn er könnte, dann verböt er
zu sagen: „Tag, Herr Stubenköter".

Halb klassisch

Da steh ich nun, ich armer Tor
und könnte genauso gut sitzen.
Das sind halbklassische Notizen.

Alter

Und der Fußballspieler spricht:
Alter schützt vor Toren nicht.

Kläus'chen

Knusper, knusper Kläus'chen,
er knabbert so gern an Mäuschen.
Und wenn sie sich nicht wuschen,
sagt er : „Geh erst mal duschen!"

Sah ein Knabe Pilze stehn

Erstens war'n die Pilze schlecht
und sie waren auch nicht echt,
zweitens schmeckten sie danach. –
Und der wilde Knabe brach.

Die Alte

Manche würden gern im Leben
die Alte mal in Zahlung geben
und sind dann dahinter gestiegen,
dass sie da gar nix mehr für kriegen.

Zwei Frauen

Männer, die oft abhauen,
haben manchmal zwei Frauen,
eine, die für ihn putzt,

und eine,
die sich für ihn rausputzt
und den Blödmann ausnutzt.

Falschaussage

Wenn Frauen einen Mann bitten,
sich auszuziehen und ihn ins Bett
zerren,
dann liegt der Verdacht nahe,
dass er sie nicht vergewaltigt hat!
Das nur mal am Rande...

Freundschaft

Mein Freund, verlass dich auf mich,
ich lass einen Freund nicht im Stich.

Benno's IQ

Der Benno aus dem Nachbarhaus
stellt Weihnachten die Tonnen raus,
sein Quotient, der sagt ihm nur:
Vor Ostern kommt die Müllabfuhr.

Diät

Ich habe die beste Diät entdeckt:
Ich esse alles, was mir schmeckt;
denn mein Körper weiß doch besser Bescheid,
als so irgendeine Albernheit.

Bestechlich

Herr Diener ist bestechlich,
Herr Diener wird geschmiert.
Geld ist es hauptsächlich,
was ihn interessiert.
Herr Diener, der will bauen,
gib so viel du hast.
Herrn Diener kannst du trauen,
der muss nicht in den Knast.
Herr Diener ist immun, -
das hat was mit Beamteneid zu tun.

Nachruf auf Elfriede

Es hat mit ihr ein plötzliches Ende genommen,
sie hat beim Steckdosenwischen
einen Schlag bekommen.

Lebensmittel

Das wertvollste Lebensmittel
ist Gottes Liebe. –
Das wertvollste Lebensmittel
ist Gottes Liebe.
Ja, das muss man zweimal lesen!

Der Lebensweg

Der Weg, auf dem wir alle sind,
erinnert an ein Labyrinth,
es geht nicht immer geradeaus
und doch führt uns der Weg nach
Haus.

Weltmeister im Kürbiswiegen

Die Disziplin ist schon gediegen,
man nennt das ganze Kürbiswiegen,
da wogen sie mit viel Tamtam
neunhundertundeins Kilogramm,
und wer den schwersten Kürbis
schafft,
gewinnt die deutsche Meisterschaft.
Sie üben heimlich unterdessen
im Straßenköterköttelmessen.

.

Bei Puffys zu Hause

Seitdem da ein Kaninchen hoppelt,
hat sich der IQ verdoppelt.

Im Sitzen oder Stehen

Ein Mann soll auch die kleinen Sachen
nach Möglichkeit im Sitzen machen,
für manchen sehr schwer einzusehn,
sie machen nach wie vor im Stehn.
Der Grund dazu ist ja bekannt:
Was ein Mann für wichtig hält,
das nimmt er gerne in die Hand.

Vaterschaft

Der Rohrspatz liebte eine Ente,
jetzt zahlt er dafür Alimente.

Abkochen

Der Grundschulschüler lacht sich schlapp,
wenn Puffy sagt: „Der kocht den ab."

Großer Empfang

Alle waren elegant,
nur einer kam ganz penetrant
im Jogginganzug angerannt,
weil auf dem Schild „No smoking"
stand.
Und drinnen steckte er sich dann
erst mal ne Zigarette an.
„Was ist denn das da für ein
Penner?"
kam aus dem Kreis der
Smokingmänner.
Worauf man ihm entgegenhält:
„Das ist der reichste Mann der Welt."

Der liebe Mann

Ob Puffy sein Schwulsein nicht
verbergen kann?
Er sagt so oft: „Mein lieber Mann!"

1.April

Ich habe meinem Freund Günter
geschrieben:

„Die Schrift in Deiner Email ist so
blass, Du solltest mal das Farbband
wechseln."
Und dann war ich platt,
als Günter schrieb,
dass er es gewechselt hat.

Wenn der Eber ruft

Es braust ein Ruf wie Donnerhall,
da lacht die Sau im Schweinestall.

Perfekte Vergesslichkeit

Viele Dinge machen mich nicht heiß,
weil ich auch schon vergessen habe,
was ich schon nicht mehr weiß.

Gutes Benehmen

Über Höflichkeit und Manieren
wird so viel behauptet,
was überhaupt nicht stimmt,
es sei denn, dass man weiß,
wie man sich benimmt.

Bedarfsweckung

Der neue Katalog ist gekommen.
15 Seiten haben wir angekreuzt.
Wir haben nichts davon bestellt.
Und keinen der Artikel vermisst!

Selbstverpflegung

Zur Selbstverpflegung reicht zur Not
jeden Tag ein Butterbrot.
Schwäbische Tomatensuppe geht
noch schneller:
Einfach heißes Wasser in einen
roten Teller.

Der Schirm

Puffy sagt:
„Den hatte ich nicht auf dem Schirm."
Mit Klugheit ist er nicht so firm.
Puffy ist eher mit dummen Sprüchen
gesegnet.
Wozu ein Schirm?
Es hat seit Wochen nicht geregnet.

Studenten im Stress

Durch die Unis geht ein Ruck,
Studenten fühlen zu viel Druck,
und das bei ihrer langen Leitung.
So steht es heute in der Zeitung.
Ja, du lieber Kindergarten,
das war doch wirklich zu erwarten,
wer sechs mal acht noch nicht kapiert,
da fühlt man Druck, wenn man studiert,
und ganze Sätze formulieren,
wär auch nicht schlecht vor dem Studieren.
Wer sagt denn: Ohne Fleiß kein Lohn?
Studiert mal schön, ihr schafft das schon!
Das Abi habt ihr auch geschafft.
Na gut, dann eben mangelhaft!

Gelegenheitsarbeiter

Herr Diener versäumt ab und zu eine Frist,
weil er Gelegenheitsarbeiter ist.

Hundeschwimmen

Mein Gatte soll sich trimmen,
er geht jetzt zum Hundeschwimmen.
Und hier die frohe Kunde:
Das gibt es auch für
Schweinehunde.

StVO - Der Paragraph für den Kreisverkehr

Fährst du in den Kreis hinein,
lass das blöde Blinken sein.
Fährst du raus, ist Blinken Pflicht,
sonst fährst du Blödmann besser
nicht.

Öffentlicher Dienst

Ein Herr Diener sitzt in dem Büro
wie in vielen Städten anderswo
und bildet sich tatsächlich ein,
wichtiger als ich zu sein.
Wie erkläre ich dem Ärmsten bloß:
Ohne mich wärst du arbeitslos!
Was du bist, bist du durch mich;
vergiss das nicht, der Staat bin ich.

Werbung für ein Hörgerät

„Störtebeker und die Hugenotten."
„Was störte Becker? Hugos Nutten?
Um welchen Becker geht's denn
dann?
Und was gehen ihn Hugos Nutten
an?"

Das kommt vom Sport

Von zu viel Sport bekommt der Vater
manchmal einen Muskelkater.
Weil Mutter weniger macht, hat se
auch nur eine Muskelkatze.

Sternkreiszeichen

Sie sagt, dass sie noch Jungfrau ist,
und hat die Unschuld längst verloren.
Das Geheimnis dieser Weibeslist,
sie ist Anfang September geboren.
Jedoch, es sollte wohl so sein,
dass er ein Schütze war.
So ging er in den Schützenverein,
und sie lebt nun mit der Gefahr.

Ray Charles

Ray Charles hat recht,
falls Ihr ihn kennt,
er sagt Armut verbindet
und Wohlstand trennt.

Ein Klassiker

Soll das Werk den Meister loben
und du hörst die Gattin toben,
war das Werk nicht ehelich,
dann dreh dich um und schäme dich.

Der Zauberlehrling

Kalle, Kalle, deine Schnecke
ist schon wieder weg gewesen,
sag ihr nach dem Jägermeister:
In die Ecke, alter Besen!

Ernstes

Ernstes ist besser zu ertragen,
wenn wir es im Spaß nur sagen.

Stellenangebot Kirchenfiliale

Sie suchten katholische Leiter,
da brachte ich meine Leiter hin,
das stimmte die Leute heiter.
Ich glaube sogar,
dass meine Leiter evangelisch war.

Inkontinenz

Wenn man sich gegen das Alter
stemmt,
ganz nötig muss, und der
Reißverschluss klemmt,
dann merkt man bald.
Ich bin wirklich schon alt.

Früher

Da konnten Menschen noch nicht
fliegen,
man tauschte Frauen gegen Ziegen,
und trotzdem sagen viele Leute,
das war eine bessere Zeit als heute,
womit wir zum Ergebnis kommen:
Der Verstand hat abgenommen!

Artgerechte Haltung

Will der Mann nicht häuslich sein,
fang ihn mit dem Lasso ein,
Kegelclub und Skatverein
müssen überhaupt nicht sein,
übernimm du die Verwaltung,
gewöhne ihn an Käfighaltung.
So lernt er putzen, kochen, spülen,
der Mann ist ja nicht dazu da,
um sich bei dir wohlzufühlen!

Eid des Hippokrates

Die neue Ärzte-Formel hat nur noch
einen Paragraphen und wird die
Medizin und das Gesundheitswesen
revolutionieren, der lautet:
„Gib deinen Patienten nichts,
was du selbst nicht haben möchtest!"

Das kranke Volk

Bald regiert in jedem Staat
ein geisteskranker Psychopath,
und was dabei besonders quält:
Das kranke Volk hat ihn gewählt.

Anagramm

„Ist mama drinne"
ist ein Anagramm.
Sei nicht dumm,
finde heraus, warum.
Wer es nicht durchschaut:
Es geht um die rote Haut.

Kontemplation

Eine gute alte Tradition
ist die Kontemplation,
einfach gar nichts tun und schau'n
und sich dem Schöpfer anvertrau'n.
Genießen Sie das stille Glück;
denn der Schöpfer schaut zurück.

Der letzte Offizielle

Ja gut, wir haben euch umgebracht,
aber Fracking hat doch auch Spaß
gemacht.

Ein Quiz-Kandidat

Er ist ein Mann, gibt sich als Frau,
sehen kann man's nicht genau,
auf jeden Fall hat er Humor,
sagt, er wär Bestseller-Autor,
fliegt nach der fünften Frage raus
und sah demnach nicht nur dumm
aus.

Rektalskis Urlaubspläne

Wir mögen nicht die Balearen,
da tummeln sich die
Putzfrauscharen,
es geht noch weiter in den Süden,
wir fliegen auf die Hämorrhoiden.

Gibt es geringe Menschen?

Jesus Christus spricht:
„Was ihr für einen meiner geringsten
Schwestern und Brüder getan habt,
das habt ihr für mich getan?"
Nein, von geringen Menschen hat
Gott sicher nicht gesprochen.

Brüderlich

Es passiert bisweilen,
dass auch Schwestern
brüderlich teilen.

Kamerun

Hast du nichts Besseres zu tun,
dann kannst du in der Kammer ruhn.

Was erlaubt ist

Die Logik vieler Chaoten:
Warum sollte ich das tun,
das hat mir doch keiner verboten!

Schöner Mittwoch

Der Mittwoch im November
war wunderbar,
weil da Kuss- und Betttag war.

Nieten

Die großen Nieten
halten sich für Eliten.

Was Gott zusammengefügt hat

Das soll der Mensch nicht trennen,
ich weiß nicht, ob Sie das kennen,
was anscheinend dagegen spricht:
Jeder Bundespräsident kennt das nicht!
Und auch nicht jeder Ex-Pastor. –
Das kommt Christenmenschen
seltsam vor.
Der Beigeschmack ist fad. -
Und das ist schad(t).
Wie war das mit dem bovis
und quod est jovis?
Und bitte sehr:
Wer ist da wer???

Leben

Jeder lebt nur einmal,
und manche so klug,
da ist einmal genug.

Sonntagstipp für Schwätzer

Wenn Tatsachen zu Fakten
eskalieren,
einfach nicht ignorieren!

Genitiv, Dativ, schlaf tief

Weil Puffy in der Schule schlief,
verpasste er den Genitiv,
und auch der Dativ macht ihm Schmerzen,
er sagt „im Herz" anstatt „im Herzen".

Schulfach Geschichte

Warum soll ich Leute nennen,
die meinen Namen auch nicht kennen!?

Familien-Anzeige

Detlev-Furzknoten Geruchlosen-Windes
meldet Geburt eines gesunden Kindes,
Name des Kindes wurde nicht erfasst,
weil er auf keine Seite passt.

Eine der irritierenden Antworten beim Smaltalk

„Ja, Sie sagen das so, -
aber es wäre ja möglich!"

Frau und Werbung

Jetzt wird sie noch
schönheitsbewusster
und kauft sich einen
Wimpern-Booster.
Manche sind auch so gemein
und fallen auf den Quatsch
nicht rein.

Dunkelgrüne Ampelphase

Sie kennen sicher auch die
Asphalthusaren,
die bei grüner Ampel
trotzdem nicht fahren.
Als die Ampel deutlich grün anzeigte
und der Vordermann nicht zur
Abfahrt neigte,
klopfte ich wütend an seine
Scheiben:

„Wollen Sie hier über Winter
bleiben?"
Da sagte der Schnarchsack noch
ganz kühn:
„Ich warte hier auf dunkelgrün."
Ich wollte noch sagen: Sie Idiot,
da war die Ampel schon wieder rot.

Bayern unter sich

„Kennst du Guatemala?"
„Ja, da Vinci und van Gogh."

**Schiedsrichter
sind auch Menschen**

Man muss es ja auch nicht
begreifen,
dass Rostocker lieber für Leipzig
pfeifen,
aber man darf es trotzdem wagen,
das ruhig mal zu sagen!

Afternoon

Mit Frauen hat er nichts zu tun;
denn er liebt this After nun.

Gute Aussichten

Ist das denn nicht wunderbar?
Die Verrückten kommen nicht,
sie sind schon alle da!

Glücksache

Manche haben kein Glück,
wer Pech hat,
hat auch noch Schwefel.

Pausenstreit

„Du hast aber kein Papa!"
Da antwortete der Filou:
„Vielleicht mehr wie du!!!"

Auge um Auge

Wenn Auge um Auge
wieder beginnt,
dann ist die ganze Welt
bald blind.

Sie fehlt mir

Einen wahren Schatz
vergisst man nie,
mir fehlt nicht eine,
sondern sie.

Puffy hält uns für die Kanzlerin

Puffy freut sich so,
er ist im Fernsehstudio.
Puffy findet es schön, wenn er
spricht.
Warum lernt er es dann nicht?
Puffy sagt: „Du musst als
Kanzlerin…".
Er verwechselt schon wieder, wer ich
bin.
Puffy ist in seinem Element,
„da bist du als Präsident….".
Puffy duzt jeden.
Ist ja nicht schlimm!
Nur im Fernsehen sollte er nicht
reden.

Mein Stern

Ein Stern scheint herunter zu mir,
er meint mich,
ich weiß, er kommt von dir
und sagt: „Ich liebe dich!"

Gutes Auge

Wenn Puffy „gutes Auge" sagt,
hat er dann ein schlechtes?
Oder sieht er nur ein linkes
oder nur ein rechtes?

Künstliche Befruchtung

Appellierst du für künstliche
Befruchtung auf Krankenschein,
kannst du abends länger
in der Kneipe sein.

Das Gewissen

Das Gewissen muss sehr groß sein;
denn es geht nicht in jeden Kopf rein.

Große Hände

Beamte sind Menschen
mit den größten Händen;
sonst könnten sie gar nicht
so viel verschwenden
und würden sich auch schämen,
Bestechungsgelder anzunehmen.
Das richtet die Natur so ein;
denn in kleine Hände passt nicht
genug rein.

Lebensverlängerungsmaßnahme

Such dir einen Partner ohne Humor,
dann kommt dir das leben länger vor.

Sprachkenntnisse

Wie gut, dass ich Sprachkenntnisse
hab,
ich steh morgens nicht mehr auf,
ich mache ein Stand-up.

Frauschaft

Frauschaft ist ein Regiment,
das man von einst
als Herrschaft kennt.

Rotlichtverbot

Ein Rotlichtverbot,
das in dem Verkehr oft droht,
gibt es a) beim Autofahrn
und b) auch auf der Reeperbahn.

Zwiegespräch in Heidelberg

„Ist der Neckar tief?" –
„Weiß nicht,
ich seh alles positiv!"

Gesteckte Ziele

Wer alle Ziele erreicht,
ist zu bescheiden vielleicht.

Böse Nachbarn

Böse Nachbarn sind leichter zu ertragen,
wenn sich andere auch über sie beklagen.

Evolution

Affen sind klüger als Menschen geblieben,
die sagen sich einfach, wenn sie sich lieben.
Wir Menschen gehn stumm aneinander vorbei,
als ob Liebe etwas Verbotenes sei.

Vegane Ernährung

Ich höre mir gerne einen Vortrag
über veganes Essen an
und freu mich dann zu Hause,
wie gut ein Schweinebraten
schmecken kann.

Halali

Sag, wer mag das Männlein sein,
das hinterhältig und gemein,
grün gekleidet und umnachtet
Gottes Kreatur missachtet?
Die sich an der Jagd berauschen,
sollten mal die Rollen tauschen
und mal die Gejagten sein,
dann wären diese „Helden" klein.

Grundsätze

Ich führe gewiss mein Leben
nicht immer besonders schlau;
denn ich will mich nicht übergeben,
wenn ich in meinen Spiegel schau.

Rasse der Beihilfeempfänger

Herr Diener ist eine eigene Rasse,
er zahlt in keine Krankenkasse
und was für Lobbyismus spricht,
das nennt er Fürsorgepflicht. -
.An der Quelle sitzt der Knabe
und bedient sich unserer Habe.

Verhasste Nachbarn

„Wenn die mir vors Auto läuft,
dann brems ich nicht,
dann geb ich Gas!" –
Bei einem solchen Nachbarn
sagt man das nicht aus Spaß.
Sie ist von Bosheit durchdrungen,
sie hat noch nie gesungen,
verabscheut schöne Sachen
und mag kein Kinderlachen,
beschwert sich über jedes Blatt auf
den Straßen,
hasst Menschen und Tiere
gleichermaßen,
Blumen und Bäume dürfen nicht
sein,
ihr Garten ist wie ihr Herz:
AUS STEIN.
Und niemand ist da und sagt mir
dann,
was einen Menschen so prägen
kann.
So sinnlos und verloren
wird doch kein Mensch geboren!

Weihnachten

Alle Jahre, wenn Weihnachten ist,
denkt man an Menschen,
die man vermisst.

Da brennt nichts an

Puffy stellt mal wieder fest,
dass einer nichts anbrennen lässt.
Sein Geschwätz ist nicht geheuer;
denn da sind weder Ofen noch
Feuer.

Puffy als Chefredakteur

Wenn Puffy Weihnachten wieder
einen Tatort senden will,
muss ihm mal einer sagen:
„Stille Nacht heißt still! –
Puffy, Weihnachten,
das ist ein friedliches Wort,
das heißt nicht Todschlag und Mord!"

Sprachschwierigkeiten

Ich habe es bis heute nicht begriffen,
ich sagte five,
da hat er gepfiffen.

Herr Diener kennt keinen Stress

Den Beamten kannst du lange
suchen,
der über Burn Out klagt,
das wäre, als ob man einen
Eunuchen
nach seinen Kindern fragt.

Die Herrlichkeit Gottes

Du darfst wissen als Christ,
dass du die Herrlichkeit Gottes bist.
Eins stört da einen kleinen Hauch:
Das gilt für deinen Nachbarn auch.

Wunder

„Opa, glauben Sie an Wunder?
Es soll ja welche geben!" –
„Wenn Du noch einmal Opa sagst,
dann kannst du eins erleben."

Männlichkeit

Ich glaub, ein bisschen Männlichkeit
passt auch noch in diese Zeit.
Auch seine undankbaren Blagen
muss man als Mann ertragen.
Wenn Kinder dich verlassen,
wirst du sie ja nicht hassen,
der Trost ist dir geblieben:
Du wirst sie immer lieben.

Sicherheit

Bevor du dich in sie verliebst,
bevor du ihr das Ja-Wort gibst,
frag sie, ob sie einen Mann
überhaupt ernähren kann;
denn es gibt immer noch so Zicken,
die ihren Mann zur Arbeit schicken.

Fehlendes Volksschulwissen

Puffy nennt sich Kabarettist,
er redet Mist,
verwechselt als und wie,
neigt zur Blasphemie,
sagt halt in jedem zweiten Satz,
und das Fernsehen????
Gibt ihm einen Sendeplatz!!!
Ich wünsche Puffy ein langes und
glückliches Leben,
nur das Mikrofon,
das sollte er anderen geben. –
Wissen Sie, wen wir da vermissen?
Die Menschen mit Volksschulwissen,
die vor der Reform der Dilettanten
noch das kleine Einmaleins
und unsere Sprache kannten.

Schlagerprinzessinnen

Für Helene wird ein Lied gemacht,
das besingt ein Leid,
Atemlos durch die Nacht,
mit Asthma durch die Dunkelheit.
Dazu ganz nebenbei
ein großes Kino nur für zwei.

Das Kino kann auch kleiner sein,
aber dann passt vielleicht nur einer rein.
Und wenn das die Andrea sieht,
dann will sie auch ein Kinolied.
Nein, sie singt nicht von Morbus crohn,
und atemlos ist sie ja schon,
sie singt nur, dass ihr was geschieht,
was man nur im Kino sieht.
Und das ist dann für ein Konzert
den Deppen hundertfünfzig Euro wert.
Der Veranstalter hält sich vor Lachen den Bauch.
Zwanzig Euro täten's doch auch,
was bliebe dann für eine Menge Geld
für die hungernden Kinder der Welt,
wenn wir die, die schamlos über uns lachen,
nicht zu Millionären machen.

Recht und Ordnung

Warum lebt hier ohne Not,
wer uns im eigenen Land bedroht?

Gute Perspektiven

Gezz hap ich ersma mein Abbitur
in die Tasche, warscheinlich studier
ich auf Leeramt.

Schöner Name

Den Kleinen haben sie Öh getauft,
das ist doch wirklich nett;
denn wenn er auf das Töpfchen muss,
ruft er „Öh de Toilette!"

Der Fäkaliendichter

Von dem Fäkaliendichter bleibt,
dass der Mann Lecktüre schreibt.

Auf dem Friedhof

Ich stehe oft vor dem Kreuz,
um Jesus zu sagen:
„Komm da runter, du gehörst nicht
ans Kreuz geschlagen."

Sorgen

„Warum fürchtest du dich vor morgen?" –
„Eure Dummheit macht mir Sorgen!"
Menschen mit Verstand
verbrennen nicht das Land.

Ich glaub, der Mensch verblödet aus dem Alltag erzählt….Teil 9

Am 18. Februar 2017 titelte die Presse: „Bildungsgewerkschaft will Schulnoten abschaffen". Ja, das ist doch mal eine erfreuliche Nachricht. Wir können kein Deutsch mehr, wir brauchen keine Meisterprüfung mehr, wozu brauchen wir Schulnoten? „Die Vorsitzende der Gewerkschaft Erziehung und Wissenschaft," heißt es da, „hat sich für die Abschaffung von Schulnoten in allen Schultypen ausgesprochen."
„Zensuren sind nicht objektiv," hat die Dame festgestellt. Prompt meldete sich die Präsidentin des Bayerischen Lehrerverbandes zu Wort und sprach sich auch dafür

aus, Schulnoten durch „Lernentwicklungsgespräche" zu ersetzen.
Es ist ja nachvollziehbar, dass jemand, der ein paar Fünfen zu viel im Zeugnis hat, lieber mal ein Lernentwicklungsgespräch geführt hätte. Lernentwicklungsgespräch, was ist denn das überhaupt???
Zum Glück hatten die Vorsitzende der Kultusministerkonferenz und der Chef des Deutschen Philologenverbandes anscheinend keine gravierenden Probleme mit ihren Schulnoten und widersprachen dem Ansinnen der Gewerkschaft, Noten seien wichtig und geben eine Orientierung…..
Wie wäre es, wenn wir die Noten behalten und dafür die Bildungsgewerkschaft abschaffen? Reicht es nicht langsam mit der Verblödung im Land?
Es musste ja so sein, dass der RGA in der gleichen Ausgabe titelt: „Mein Kind hat die Hose voll. Und jetzt?" Ob es da einen Zusammenhang gibt? Das hat doch wohl nicht die Mama einer dieser

Reformerinnen gesagt, die die
Schulnoten abschaffen wollen……?

Lexik

Das ist nicht Wort,
das ist nicht Schatz,
Lexik ist jetzt fehl am Platz.

Was braucht die Welt?

Nicht Plutonium und Rakete,
die Welt braucht mehr Gebete.
Gebete aus reinem Herzen,
die nehmen der Welt die Schmerzen,
die bewahren das Leben
und können Hoffnung geben.
Ihr habt verlernt zu beten
und die gute Saat zertreten.
Für Gott ist es nie zu spät,
er lädt uns ein zum Gebet.

Kriminelle Kinder

Sie wollen dich beklauen,
deine Wohnung wir ausgespäht
von rumänischen Blagen,
du musst ihnen ja nicht trauen,
nur Zigeuner darfst du nicht sagen!

Medusa Lemm

Die Gemäuer von Jerusalem
sind so alt wie die Medusa Lemm.
Das haben im Gethsemanegarten
die Eltern von Medusa verraten.

Terroropfer

Die um Terroropfer trauern,
sind von Herzen zu bedauern,
aber helfen ihnen Klagen,
die die Schmerzen kaum ertragen?
Die Liebe, das Leben und das Glück,
gibt doch kein Gericht zurück!
Wer klagt, nimmt noch mehr
Schmerz in Kauf
und reißt die Wunden wieder auf.
Manchmal ist die Einsicht klug:
Wer Schuld trägt, ist bestraft genug.

Russische Blondine

Sie hat das Zeug zum großen Star,
wär da nicht die Maffia,
die ihr die ganze Freiheit nahm,
bis sie uns aus den Ohren kam.
Nun singt die blonde Russenmaid
von Asthma in der Dunkelheit
und schwebt fast im Delirium
hoch über ihrem Publikum.

Doppelmoral beim Parteiaustritt

Mies ist, wer sein Nest beschmutzt
und trotzdem noch als Zuflucht nutzt.

Kreuzworträtsel

Wenn sie nach „alte Sekte" fragen,
sollte man nicht Rottkäppchen und
Mumm eintragen.

Frühere USA

Der Präsident nennt das jetzt ASA:
Abgeschottete Staaten von Amerika.

Die Schöpfung

So mancher Mensch vergisst,
dass auch der kleinste Wurm
ein Gottestierchen ist.

Wen könnte man mal fragen?

Puffy sagt: „Ich frage mich."
Puffy, warum fragst du dich?
Puffy, und das heißt,
du sagst dir was,
was du nicht weißt?

Führende Politiker

Der Dumme ist oft ehrlich,
aber Dummheit mit Arroganz gepaart
ist für die Welt gefährlich.

Das Beschte

Das Beschte
ist ne weiße Weschte.

Anzeichen von Alter

Es kommt vor, dass mein Kopf von
Wünschen spricht,
und mein Körper sagt:
„Das kann ich nicht!"

Selbstüberschätzung

Wer viel soff, ist deswegen kein
Philosoph, und nur, weil er dabei
die Schnapsflasche zerdepperte,
wird er nicht zum Schopenhauer.

Menschliche Züge

Der Affenarzt konnte die Affenmama
beruhigen, dass die menschlichen
Züge ihres Affenbabys im Laufe der
Zeit verschwinden.

Komische Vögel

Der frühe Vogel fängt den Wurm,
das sagt man heut nicht mehr,

zu einem guten Deutsch gehört
stattdessen early bird.
Auch „Blödmann" ist als Wort nicht fein,
man muss es einfach sein!

Der einsichtige Präsident

Er baut eine Mauer um sich rum,
dann merkt er, ich bin eingesperrt
und sagt:
„Oh, das war dumm!"

Wunschdenken

Puffy schreibt ein Bühnenstück,
doch dabei hat er auch kein Glück,
das Stück war schon vorzeitig aus;
denn nach dem siebten „halt"
ging das Publikum nach Haus.

An die Legislative

Warum gibt es kein Gesetz
gegen dämliches Geschwätz?

Gefährder

Sie werden Gefährder genannt,
leben in und von diesem Land,
bis sie was Schlimmes machen,
dann vergeht uns das Lachen.
Es ist schwer zu verstehn,
für wie viele Kriminelle
wir jeden Morgen zur Arbeit gehn.

Multitasking

Der Mensch lebt in Beschleunigung,
zuerst macht es ihn dumm,
und dann bringt es ihn um.

Eine Frage zum Schluss

Wenn sich ein Mensch für einen
Satiriker und die Aneinanderreihung
von vulgären Ausdrücken und die
Beleidigung und Diffamierung
anderer Menschen für Kunst hält,
können Sie das noch
nachvollziehen?

Die Frankfurter Rundschau kommt zu dem Ergebnis, es wäre eine Satire, die erlaubt bleiben muss und auch die Nürnberger Zeitung verbreitet die Meinung, wenn solche Passagen vor Gericht angegriffen werden können, wäre das das Ende der künstlerischen Kritik an bestehenden Verhältnissen und das könne sich niemand für Deutschland wünschen. – Doch!!! Ich wünsche mir für Deutschland, dass Schweinereien keine Kunst sind, sondern Schweinereien und dass Moral, Rücksichtnahme und Wertschätzung anderer zu unseren Werten gehören und nicht plumpe Diffamierungen und Beleidigungen. Nach meinem Dafürhalten behält die Westdeutsche Zeitung da eher den klaren Kopf, wenn es dort heißt: *Selbst wenn man unterstellt, dass das Gedicht trotz aller darin enthaltenen Ekeligkeiten als Kunst anzusehen ist: Auch die Kunstfreiheit muss die Menschenwürde achten. ……Zu Recht werden allenthalben die Verrohung der Sprache und Hasskommentare beklagt. Das*

Grundgesetz ist zu wertvoll, als dass es als Schutzschirm für solche Grenzüberschreitungen herhalten müsste. – Bravo wz-plus!!! Man muss nicht mit den Wölfen heulen und Anstand und Moral verleugnen!

Mein preiswürdiges Schämgedicht:
Treibt böhmisch Mann es mit dem Huhn,
hat sich das was mit Kunscht zu tun.

(Ich warte dann mal ab, ob mir dafür zuerst der Satirikerpreis oder zuerst der Literaturpreis verliehen wird.)